# L'Homme-Loup et autres contes

Erckmann-Chatrian

**Writat**

Cette édition parue en 2024

ISBN : 9789359948782

Publié par
Writat
email : info@writat.com

# Contenu

# NOTE PRÉLIMINAIRE DU TRADUCTEUR.

On a souvent remarqué, avec une parfaite justice, que les éminents écrivains français, dont on tente ici la traduction d'un de leurs ouvrages, sont singulièrement fidèles dans leur adhésion à la vérité historique. Retirez le fil de la fiction évidente qui est indispensable pour faire de ces admirables productions des romans ou des contes, et il ne nous reste plus qu'une histoire parfaitement fiable. C'est principalement ce trait qui donne à leurs récits historiques le charme indescriptible – charme puissamment réalisé dans l'original, quoique moins appréciable dans une traduction imparfaite.

La même prétention à une véracité parfaite sur tous les points essentiels peut être mise au crédit du « Roman Populaire » suivant, malgré l'élément surnaturel surprenant sur lequel l'histoire est fondée. Erckmann-Chatrian n'a pas jugé bon ni nécessaire de s'écarter dans ce cas de leur pratique consistant à s'abstenir de toute préface ou note dans chaque édition de leurs œuvres. Mais peut-être le traducteur pourra-t-il être pardonné, et même excusé avec gratitude, s'il s'aventure dans une explication tendant à montrer que l'histoire d' *Hugues le Loup* n'est pas entièrement fondée sur la superstition et le surnaturel.

"Que son cœur soit changé de celui de l'homme , et qu'un cœur de bête lui soit donné !" Telle fut la sentence prononcée et exécutée contre celui de Babylone dont l'orgueil appelait à l'abaissement de la part du Seigneur. Le Dr Mead ( *Medica Sacra* , p. 59) observe qu'il existait parmi les anciens un trouble mental appelé lycanthropie, dont les victimes se prenaient pour des loups et se mettaient à hurler, à attaquer et à déchirer les moutons et les jeunes enfants ( *Aetius, Lib. Med.vi.* , *Paul Ægineta* , iii.16). Ainsi, Virgile parle encore des filles de Prætus , qui se prenaient pour des vaches et couraient follement dans les pâturages, " implêrunt faux mugitibus agros ." — Ecl . vi. 48. Cette horrible maladie semble heureusement avoir été rare, et des guérisons ont eu lieu, car elle ne détruit pas la vie du malade. Elle a même été complètement guérie après un laps de temps. de nombreuses années.

Le Dr Pusey ( *Notes sur Daniel* , p. 425), dans une étude très approfondie sur la maladie de Nabuchodonosor, fait référence à une communication qu'il a reçue du Dr Browne, commissaire du Board of Lunacy for Scotland, dans laquelle il dit : « Mon opinion est que dans toutes les facultés ou conditions mentales, l'idée d'identité personnelle est rarement affaiblie et qu'elle ne s'éteint jamais. L'ego et le non-ego peuvent être confondus ; l'ego, cependant, continue de préserver la personnalité. Tous les anges, diables, ducs, seigneurs, rois, « dieux multiples » que j'ai eu sous ma garde sont restés ce qu'ils étaient avant de devenir anges, ducs, etc., dans un sens, et même nominalement.

L'homme se déclarant Sauveur ou Saint Paul signe lui-même *James Thomson* et assiste au culte aussi régulièrement que si la notion de divinité n'était jamais entrée dans sa tête.

Esquirol , un écrivain très digne de confiance, décrit une extraordinaire épidémie de lycanthropie en France (dans le Jura, à Dole et ailleurs dans l'est de la France) au XVIe siècle.

" Ce terrible affliction a commencé à se manifester en France au XVe siècle, et le nom de " *loups-garous* " a été donné aux malades. Ces êtres malheureux fuient la société des hommes et vivent dans les bois, les cimetières ou les vieilles ruines, ne rôdant en rase campagne que la nuit, hurlant en marchant, laissant pousser leur barbe et leurs ongles, puis se voyant armés de griffes et couverts de poils hirsutes, ils se confirment dans la croyance qu'ils sont des loups. par férocité ou par besoin, ils se jettent sur les jeunes enfants et les déchirent, les tuent et les dévorent. ( Esquiról , *Des Maladies Mentales* , Paris, 1838, vol I. , p. 521.) Ceux que les Français appelaient *loups-garous* étaient en allemand appelés loups- *garous* .

coupe les ongles des doigts et des orteils, ils poussent indéfiniment ; mais si on leur permet de croître sans contrôle, ils se courbent bientôt sur les extrémités, forment des serres ou des griffes et cessent de croître, ce qui répond au récit biblique des effets du désordre mental de Nabuchodonosor.

Bien sûr, pour chaque cas de maladie réelle, beaucoup étaient imputés ou accusés à de pauvres créatures, qui étaient rendues folles par des accusations sans fondement de sorcellerie et de sorcellerie, et étaient *des loups-garous* en secret. De nombreux innocents furent brûlés vifs aux XVe et XVIe siècles comme des loups sous forme humaine.

Un correspondant a aimablement fourni les informations suivantes : « Lorsque nous étions à Oude en Inde, il y a vingt-six ans, nous avons entendu parler de plusieurs cas de bébés indigènes emportés hors des villages par des louves et placés avec leurs petits, et élevé là-bas dans la nature ; il y en avait un à notre époque, partiellement récupéré, mais gardant une grande partie de la nature sauvage imbibée de lait de loup, et ayant été habitué à marcher à quatre pattes, c'est-à-dire sur *les* genoux et les coudes ; mais je concluons qu'ils n'étaient pas affectés par la « lycanthropie ».

En quelques touches de son crayon magique, le lauréat a dressé un tableau puissant d'un tel état de choses dans l'ancienne Grande-Bretagne, dont nous pouvons difficilement nier la fidélité littérale. Ce n'est pas une conception poétique ; c'est une vérité historique :—

« Et de temps en temps, le loup volait
les enfants et les dévorait ; mais de temps en temps, sa propre couvée
perdue ou morte, prêtait sa tétine féroce aux nourrissons humains ; et les

enfants, logés

dans sa tanière immonde, là, à leur viande, grondaient,

Et ils se moquent de leur mère adoptive à quatre pattes, Jusqu'à ce que, redressés, ils deviennent des hommes semblables à des loups, Pires que les loups.

*Venue d'Arthur.*

Le récit suivant, dans lequel la lycanthropie est loin d'être tout à fait un simple effort d'imagination, semble être fondé sur la croyance en l'existence continue de cette espèce rare de folie jusqu'à nos jours - ou à peu près - car l'histoire semble appartenir à l'année 1832.

Le lecteur anglais ne manquera pas de remarquer la correspondance entre le titre et la désignation bien connue de l'illustre chef de la maison noble de Grosvenor. Quel que soit le lien qu'il puisse y avoir ou non entre ce Hugh Lupus allemand d'il y a mille ans et le Hugh Lupus véritablement britannique d'aujourd'hui, toutes les qualités basses de son supposé ancêtre ont disparu chez celui qui est orné de toutes les qualités qui font le La noblesse anglaise est la fierté et la fleur de notre pays.

FAM

*Le Vicaraqe, Broughton-in-Furness.*

---

# L'HOMME-LOUP.

## CHAPITRE I.

Vers Noël 18, alors que je dormais profondément au Cygne à Fribourg, mon vieil ami Gédéon Sperver entra brusquement dans ma chambre en criant :

" Fritz, j'ai une bonne nouvelle pour toi ; je vais te conduire au Nideck , à deux lieues d'ici. Tu connais le Nideck , le plus beau château baronnial du pays, grand monument à la gloire de nos aïeux ? "

Or, je n'avais pas vu Sperver , qui était mon père adoptif, depuis seize ans ; il avait alors laissé pousser une barbe abondante, un énorme bonnet en peau de renard lui couvrait la tête et il tenait sa lanterne sous mon nez. Il était donc tout naturel que je réponde :

"D'abord, faisons les choses dans l'ordre. Dis-moi qui tu es."

"Qui je suis ? Quoi ! tu ne te souviens pas de Gideon Sperver , le chasseur du Schwartzwald ? Tu ne serais pas si ingrat, n'est-ce pas ? N'est-ce pas moi qui t'ai appris à tendre un piège, à guetter les renards le long des jupes. des bois, pour lancer les chiens après les oiseaux sauvages ? Vous souvenez-vous de moi maintenant ? Regardez mon oreille gauche, avec une engelure.

"Maintenant, je vous connais; votre oreille gauche l'a fait; serrez-vous la main."

Sperver , se passant le revers de la main sur les yeux, reprit :

"Tu connais Nideck ?"

— Bien sûr que oui, de réputation ; qu'avez-vous à faire là ?

"Je suis le chef des chasseurs du comte ."

"Et qui t'a envoyé ?"

"La jeune comtesse Odile."

"Très bien. Dans combien de temps allons-nous commencer ?"

" En ce moment. L'affaire est urgente ; le vieux comte est très malade, et sa fille m'a prié de ne pas perdre un instant. Les chevaux sont tout à fait prêts. "

"Mais, Gédéon, mon cher, regarde simplement le temps : il neige depuis trois jours sans arrêt."

" Oh, c'est absurde ; nous n'allons pas à la chasse au sanglier ; enfilez votre épais manteau, attachez vos éperons et préparons-nous à partir. Je vais d'abord commander quelque chose à manger. " Et il sortit en ajoutant d'abord : « N'oublie pas de mettre ta cape.

Je ne pourrais jamais rien refuser au vieux Gédéon ; depuis mon enfance, il pouvait tout faire avec moi avec un signe de tête ou un signe ; je m'équipai donc et entrai dans le café.

"Je savais," dit-il, "que tu ne me laisserais pas repartir sans toi. Mange chaque morceau de cette tranche de jambon, et buvons une coupe à l'étrier, car les chevaux s'impatientent. J'ai fait mettre ta valise dans."

"Mon portemanteau ! à quoi ça sert ?"

"Oui, tout ira bien ; il faudra que vous restiez quelques jours au Nideck , c'est indispensable, et je vous dirai pourquoi tout à l'heure."

donc descendus dans la cour.

A ce moment arrivèrent deux cavaliers, visiblement fatigués de monter, leurs chevaux dans une parfaite mousse d'écume. Sperver , qui avait toujours été un grand admirateur des beaux chevaux, exprima sa surprise et son admiration devant ces splendides animaux.

"Quelles beautés ! Ils sont de la race valaque, je peux le voir, aussi finement formés que des cerfs et aussi rapides. Nicolas, jette-leur vite un linge, sinon ils prendront froid."

Les voyageurs , emmitouflés dans des fourrures sibériennes, passèrent près de nous au moment où nous allions monter à cheval. Je ne pouvais distinguer que la longue moustache brune de l'un d'entre eux et ses yeux singulièrement brillants et pétillants.

Ils entrèrent dans l'hôtel.

Le palefrenier tenait nos chevaux par la bride. Il nous a souhaité *bon voyage* , a retiré sa main et nous sommes partis.

Sperver montait un pur Mecklembourg . J'étais monté sur un gros épi élevé dans les Ardennes, plein de feu ; nous avons survolé le sol enneigé. En dix minutes , nous avions laissé Fribourg derrière nous.

Le ciel commençait à s'éclaircir. A perte de vue, nous ne distinguions ni route, ni chemin, ni piste. Notre seule compagnie était constituée des corbeaux de la Forêt-Noire qui déployaient largement leurs ailes creuses sur les bancs de neige, cherchant sans succès un endroit après l'autre à se nourrir et coassant : « Misère ! misère !

Gédéon, avec sa figure burinée, son manteau de fourrure et sa casquette, galopait en tête, sifflant des airs du *Freyschütz* ; parfois, lorsqu'il se tournait , je voyais les gouttes d'humidité scintillantes qui pendaient de sa longue moustache.

"Eh bien, Fritz, mon garçon, c'est une belle matinée d'hiver."

"C'est vrai, mais c'est assez grave, tu ne trouves pas ?"

"J'aime les gelées claires et dures", répondit-il; "Cela favorise la circulation. Si notre ancien ministre Tobias avait seulement le courage de se lancer dans un temps pareil, il mettrait bientôt fin à ses douleurs rhumatismales."

J'ai souri, j'en ai peur, involontairement.

Après une heure de ce rythme rapide, Sperver ralentit sa vitesse et me laissa venir à sa hauteur.

"Fritz, il faudra que je te dise le but de ce voyage un jour, je suppose ?"

"Je commençais à penser que je devrais savoir ce que je fais."

"Beaucoup de médecins ont déjà été consultés."

"En effet!"

"Oui, certains venaient de Berlin avec de grandes perruques et demandaient seulement à voir la langue du patient. D'autres de Suisse l'examinaient d'une autre manière. Les médecins de Paris regardaient leur patient à la loupe pour apprendre quelque chose de sa physionomie. Mais tout leur savoir était gaspillés, et ils ont reçu des honoraires importants en récompense de leur ignorance.

"Est-ce ainsi que vous parlez de nous, messieurs les médecins ?"

"Je ne fais pas allusion à toi du tout. J'ai trop de respect pour toi, et s'il m'arrivait de me casser la jambe , je ne sais pas s'il y en a une autre que je préférerais à toi pour me traiter en malade, mais vous n'avez pas encore découvert d'instrument optique pour dire ce qui se passe à l'intérieur de nous.

"Comment sais-tu ça?"

A cette réponse, le brave garçon me regarda d'un air dubitatif, comme s'il me prenait pour un charlatan comme les autres, et pourtant il répondit :

" Eh bien, Fritz, si vous avez effectivement un tel verre, il vous en faudra maintenant, car la maladie du comte est interne ; c'est une espèce de maladie terrible, quelque chose qui ressemble à la folie. Vous savez que la folie se manifeste soit en neuf heures, soit en neuf jours. " , ou neuf semaines ?"

— C'est ce qu'on dit ; mais ne l'ayant pas remarqué moi-même, je ne peux pas dire qu'il en soit ainsi.

" Pourtant, vous savez qu'il y a des fièvres qui reviennent à des périodes de trois, six ou neuf ans. Il y a des œuvres singulières dans notre machinerie. Chaque fois que cette horloge humaine est remontée d'une manière particulière, de la fièvre, ou une indigestion, ou un mal de dents. revient à l'heure et au jour précis.

"Eh bien, Gideon, j'en suis parfaitement conscient ; ces plaintes périodiques sont le plus grand problème que nous ayons."

" Je suis fâché de l'entendre, car la plainte du comte est périodique ; elle revient chaque année, le même jour, à la même heure ; sa bouche déborde d'écume, ses yeux ressortent blancs et fixes, comme un grand billard. balles ; il tremble de la tête aux pieds et il grince des dents. »

"Peut-être que cet homme a eu de sérieux ennuis à traverser ?"

"Non, il ne l'a pas fait. Si sa fille consentait à se marier , il serait l'homme le plus heureux du monde. Il est riche, puissant et plein d' honneurs . Il possède tout ce que le reste du monde convoite. Malheureusement, sa fille persiste . en refusant toute offre de mariage. Elle consacre sa vie à Dieu, et cela le harcèle de penser que l'ancienne maison du Nideck va s'éteindre.

"Comment sa maladie est-elle apparue ?" J'ai demandé.

"Soudain, il y a dix ans", fut la réponse.

Tout à coup, l'honnête garçon parut se reprendre. Il sortit de sa poche une petite pipe, la remplit, et l'ayant allumée :

" Un soir, dit-il, j'étais assis seul avec le comte dans l' armurerie du château. C'était vers Noël. Nous avions chassé le sanglier toute la journée dans les vallées du Rhéthal , et étions revenus la nuit. nous ramenant à la maison deux de nos chiens de sanglier éventrés de la tête aux queues. Il faisait aussi froid que cette nuit, avec de la neige et du gel. Le comte arpentait la pièce, le menton sur la poitrine et ses mains croisées derrière lui, comme un homme plongé dans une profonde réflexion. De temps en temps, il s'arrêtait pour regarder la neige s'accumuler sur les hautes fenêtres, et je me réchauffais au coin de la cheminée, pleurant mes chiens morts et jetant des malédictions sur tous les gens. sangliers qui infestent le Schwartzwald. Tout le monde au Nideck dormait depuis deux heures, et on n'entendait pas un bruit si ce n'est le pas et le cliquetis des lourdes bottes à éperons du comte sur les drapeaux. Je me souviens bien qu'un corbeau, sans doute poussé par un coup de vent, est venu battre des ailes contre les vitres, poussant un cri discordant, et comment les nappes de neige sont tombées des fenêtres, et les fenêtres sont soudainement passées du blanc au noir... "

"Mais qu'est-ce que tout cela a à voir avec la maladie de votre maître ?" Je l'ai interrompu.

" Laissez-moi continuer, vous verrez bientôt. À ce cri, le comte se ressaisit brusquement dans un mouvement frémissant, ses yeux se fixèrent d'un regard vitreux, ses joues étaient exsangues et il pencha la tête en avant comme un chasseur attrapant. " le bruit de son jeu qui approchait. J'ai continué à me réchauffer et j'ai pensé : « Ne va-t-il pas bientôt se coucher maintenant ? car, à vrai dire , j'étais accablé de fatigue. Tous ces détails, Fritz, sont encore présents dans ma mémoire. A peine l'oiseau de mauvais augure avait-il poussé son cri surnaturel, que la vieille horloge sonna onze heures. A ce moment, le comte tourne les talons, il écoute, ses lèvres tremblent, je le vois chancelant comme un homme ivre. Il étend les mains, ses mâchoires sont serrées, ses yeux fixes et blancs. Je m'écrie : " Monseigneur, qu'est-ce que c'est ? " matière?' mais il se mit à rire de manière discordante comme un fou, trébucha et tomba sur le sol de pierre, la face contre terre. J'appelai au secours, des domestiques arrivèrent. Sébalt prit le comte par les épaules, nous le transportâmes sur un lit près de la fenêtre, mais au moment où je dénouais le foulard du comte, car je craignais que ce ne fût une apoplexie, la comtesse vint se jeter sur le corps de son père, en poussant des cris si déchirants que le seul souvenir d'eux me fait frémir.

Ici, Gédéon retira sa pipe de ses lèvres, fit tomber les cendres sur le pommeau de sa selle et poursuivit son récit d'une voix attristée.

" Depuis ce jour, Fritz, il n'y a eu que des jours mauvais pour Nideck , et des temps meilleurs semblent être loin. Chaque année, au même jour et à la même heure, le comte a des accès de frémissement. La maladie dure d'une semaine à quinze jours, pendant qu'il hurle et hurle si effroyablement qu'on a le sang froid à l'entendre. Puis il recouvre lentement sa santé habituelle. Il est encore pâle et faible, et se déplace en tremblant d'une chaise à l'autre, sursautant au moindre bruit ou mouvement. , et craignant sa propre ombre. La jeune comtesse, la créature la plus douce du monde, ne le quitte jamais; mais il ne peut pas la supporter tant que la crise est sur lui. Il lui hurle: "Allez, laissez-moi maintenant! " j'ai assez à endurer sans te voir traîner autour de moi ! C'est un spectacle horrible. Je suis toujours à ses trousses dans sa chasse, moi qui sonne du cor quand il a tué les bêtes de la forêt, je suis à la tête de tous ses serviteurs, et je donnerais ma vie pour lui ; pourtant, quand il est au plus mal , j'ai du mal à retirer mes mains de sa gorge, je suis tellement horrifiée par la façon dont il traite sa belle fille.

Sperver parut dangereusement en colère pendant un moment, plaqua ses deux éperons sur sa monture, et nous partîmes au grand galop.

J'étais tombé dans une rêverie. La guérison d'un mal de ce genre me paraissait plus que douteuse, voire impossible. Il s'agissait évidemment d'un trouble mental. Pour lutter contre ce fléau avec quelque espoir de succès, il faudrait remonter jusqu'à son origine, et cela serait sans doute trop lointain pour qu'une enquête réussie.

Toutes ces réflexions m'ont beaucoup perplexe. L'histoire du vieux chasseur, loin de fortifier mes espérances, m'a seulement déprimé, ce qui n'est pas une condition très favorable pour assurer le succès. Vers trois heures, nous arrivâmes en vue de l'ancien château du Nideck , au bord de l'horizon. Malgré la grande distance , on distinguait les tourelles saillantes, apparemment suspendues aux angles de l'édifice. Ce n'était qu'un vague contour à peine distinguable du ciel bleu, mais bientôt les points rouges des Vosges devinrent visibles.

A ce moment, Sperver tira sa bride et dit :

"Fritz, il faudra arriver avant la nuit... en avant !"

Mais c'était en vain qu'il éperonnait et fouettait. Le cheval se tenait cloué au sol, les oreilles rejetées en arrière, les narines dilatées, les flancs haletants, les jambes bien ancrées dans une attitude de résistance.

"Qu'est-ce qu'il y a avec la bête ?" s'écria Gédéon avec étonnement. "Voyez-vous quelque chose, Fritz ? Sûrement—"

Il s'interrompit brusquement, désignant de son fouet une forme sombre dans la neige à cinquante mètres de là, sur le versant de la colline.

"La peste noire !" s'exclama-t-il d'une voix de détresse qui me fit presque perdre mon sang-froid.

Suivant l'indication de son fouet tendu, j'aperçus avec étonnement une vieille femme accroupie sur le sol enneigé, les bras croisés autour de ses genoux, et si en lambeaux que ses coudes rouges sortaient de ses manches en lambeaux. Quelques mèches grises en lambeaux pendaient autour de son long cou maigre, rouge et semblable à celui d'un vautour.

Chose étrange, un paquet quelconque gisait sur ses genoux, et ses yeux hagards étaient dirigés vers des objets lointains dans le paysage blanc.

Spencer s'est éloigné vers la gauche, laissant l'objet hideux à l'écart aussi loin que possible, et j'ai eu quelques difficultés à le suivre.

"Maintenant," m'écriai-je, "à quoi ça sert tout ça ? Tu plaisantes ?"

— Je plaisante ? assurément non ! Je ne plaisante jamais sur des choses aussi graves. Je ne suis pas superstitieux, mais j'avoue que je suis alarmé par cette rencontre !

Alors tournant la tête, et remarquant que la vieille femme n'avait pas bougé et que ses yeux étaient fixés au même endroit, il parut reprendre un peu de courage.

"Fritz," dit-il solennellement, "tu es un homme instruit, tu sais beaucoup de choses dont je ne sais rien du tout. Eh bien, je peux te dire ceci, qu'un homme a tort qui rit d'une chose parce qu'il Je n'arrive pas à le comprendre. J'ai de bonnes raisons d'appeler cette femme la Peste Noire. Elle est connue sous ce nom dans toute la Forêt-Noire, mais ici au Nideck , elle a mérité ce titre de droit suprême.

Et le brave homme poursuivit son chemin sans autre observation.

"Maintenant, Sperver , explique juste ce que tu veux dire," demandai-je, "car je ne te comprends pas."

"Cette femme est notre ruine à tous. C'est une sorcière. Elle est la cause de tout. C'est elle qui tue le compte à petits pas."

"Comment est-ce possible?" M'écriai-je. "Comment a-t-elle pu exercer une influence aussi funeste ?"

"Je ne peux pas dire comment cela se passe. Tout ce que je sais, c'est que le jour même où l'attaque aura lieu, au moment même, si vous montez à la tour phare, vous verrez la peste noire s'accroupir comme un point sombre sur la tour. la neige juste entre le Tiefenbach et le château de Nideck . Elle est assise là seule, accroupie près de la neige. Chaque jour elle s'approche un peu plus, et chaque jour les attaques s'aggravent. On croirait qu'il l'entend approcher. Parfois sur le Le premier jour, quand des tremblements l'ont saisi, il m'a dit : « Gédéon, je la sens venir. Je le tiens par les bras et réprime quelque peu ses frissons, mais il répète encore, balbutiant et luttant contre son agonie, et ses yeux fixes et fixes : « Elle arrive… plus près… oh… oh… elle vient ! Puis je monte à la tour de Hugh Lupus, j'arpente le pays. Vous savez que j'ai un œil aiguisé pour les objets lointains. Enfin, au milieu des brumes grises au loin, entre ciel et terre, j'aperçois à peine un point sombre. Le matin, cette tache noire s'est agrandie. Le comte de Nideck se couche en claquant des dents. Le lendemain encore, on distingue la silhouette de la vieille sorcière ; les violentes attaques commencent ; le comte crie. Le lendemain, la sorcière est au pied de la montagne, et la conséquence est que les mâchoires du comte sont serrées comme un étau, sa bouche écume, ses yeux tournent dans sa tête. Infâme créature ! Vingt fois je l'ai eue à portée de fusil, et le comte a dit " Je n'ai pas versé de sang. " Non, Sperver , non ; ne versons pas de sang. " Pauvre homme, il épargne la vie du misérable qui lui ôte la vie, car elle le tue, Fritz ; il est réduit à la peau sur les os. »

Mon bon ami Gédéon était trop en colère contre la malheureuse femme pour qu'il soit possible de le ramener à la calme raison. D'ailleurs, qui peut tracer les limites de la région du possible ? Chaque jour, nous voyons l'étendue de la réalité s'étendre plus largement. Des influences invisibles et inconnues, des correspondances merveilleuses , des liens invisibles, une sorte de magnétisme mystérieux, sont d'un côté proclamés comme des faits incontestables, et de l'autre niés avec ironie et scepticisme , et pourtant qui peut dire qu'au bout d'un moment il y aura N'y aura-t-il pas des révélations étonnantes qui surgiront au milieu de nous tous au moment où nous nous y attendons le moins ? Au milieu de tant d'ignorance, il semble facile de prétendre à la sagesse et à l'astuce.

Je priai donc seulement Sperver de modérer sa colère et de ne point tirer sur la peste noire, l'avertissant qu'une telle démarche lui attirerait un grave malheur.

"Caca!" il pleure; "au pire, ils ne pourraient que me pendre."

Mais c'était, remarquai-je, une bonne affaire à souffrir pour un honnête homme.

« Pas du tout », s'écria-t-il ; " Ce n'est qu'une sorte de mort parmi tant d'autres. Vous êtes étouffés, c'est tout. J'aimerais aussi bien en mourir que d'un marteau qui me tombe sur la tête, comme dans une apoplexie, ou de ne pas pouvoir dormir, ou fumer, avaler ou digérer ma nourriture.

"Toi, Gédéon, avec ta barbe grise, tu as appris un mode de raisonnement particulier."

" Barbe grise ou pas, telle est ma façon de voir les choses. Je garde toujours une balle dans mon fusil à double canon au service de la sorcière ; de temps en temps je remets une nouvelle charge, et si j'en ai l'occasion... "

Il a seulement ajouté un geste expressif.

"Tout à fait faux, Sperver , tout à fait faux. Je suis d'accord avec le comte de Nideck et je dis pas d'effusion de sang. Les océans ne peuvent pas effacer le sang versé par la colère. Pensez-y et déchargez ce canon sur le premier sanglier que vous rencontrez."

Ces paroles parurent faire quelque impression sur le vieux chasseur ; il baissa la tête et parut pensif.

Nous gravissions alors les pentes boisées qui séparent le pauvre village de Tiefenbach du château du Nideck .

La nuit était tombée. Comme cela arrive toujours chez nous après une journée d'hiver claire et lumineuse, la neige commençait à tomber de nouveau, de gros flocons tombaient et fondaient sur la crinière de nos chevaux, qui commençaient maintenant à reprendre courage à la perspective prochaine de la nuit. l'écurie confortable.

De temps en temps , Sperver regardait par-dessus son épaule avec une inquiétude évidente ; et moi-même, je n'étais pas tout à fait exempt d'un sentiment d'appréhension en pensant à l'étrange récit que m'avait fait le chasseur de la plainte de son maître.

En plus de tout cela, il y a une certaine harmonie entre la nature extérieure et l'esprit d'un homme, et je ne connais rien de plus déprimant qu'une sombre forêt chargée dans toutes ses branches d'épaisses neiges et de givre, et gémissant sous le vent du nord. Les troncs décharnés et bizarres des grands pins et les chênes noueux et massifs vous regardent tristement et vous remplissent de pensées mélancoliques.

À mesure que nous gravissions l'éminence rocheuse, les chênes devenaient moins nombreux, et des bouleaux épars, droits et blancs comme des piliers de marbre, divisaient le vert sombre des pins de la forêt, quand en un instant, alors que nous sortions d'un fourré, l'antique forteresse se dressa devant nous en un instant. une masse lourde, sa surface sombre parsemée de points lumineux brillants.

Sperver s'était arrêté devant une porte profonde entre deux tours, fermée par une grille en fer.

« Nous y sommes », s'écria-t-il en jetant les rênes au cou des chevaux.

Il saisit la poignée de la cloche en patte de cerf, et le son clair d'une cloche rompit le silence.

Après avoir attendu quelques minutes , la lumière d'une lanterne vacilla dans l'arcade profonde, nous montrant dans son cadre semi-circulaire de lumière rougeâtre la silhouette d'un nain bossu, à la barbe jaune, aux larges épaules et enveloppé de fourrures de la tête aux pieds.

On aurait pu le croire, dans l'ombre profonde, un gnome ou un mauvais esprit de la terre réalisé à partir des rêves des Niebelungen Lieder.

Il s'avança vers nous d'un pas très lent et appuya ses grands traits plats contre la grille massive, fatiguant les yeux et essayant de nous distinguer dans l'obscurité dans laquelle nous nous trouvions.

"C'est toi, Sperver ?" » demanda-t-il d'une voix rauque.

"Ouvrez immédiatement, Knapwurst ", fut la réponse rapide. "Tu ne sais pas à quel point il fait froid ?"

"Oh ! je vous connais maintenant", s'écria le petit homme ; "Il n'y a aucun doute sur vous. Vous parlez toujours comme si vous alliez engloutir les gens."

La porte s'ouvrit, et le nain, m'examinant avec sa lanterne, avec une expression bizarre, me reçut avec un « Willkommen , son docteur », mais qui semblait dire en plus : « En voici un autre qui devra repartir. comme d'autres l'ont fait." Puis il ferma doucement la porte, pendant que nous descendions, et vint prendre nos chevaux par la bride.

---

# CHAPITRE II.

A la suite de Sperver , qui monta l'escalier à pas rapides, je pus encore me convaincre que le château du Nideck n'avait pas une réputation imméritée.

C'était une véritable place forte, en partie taillée dans le roc, telle qu'on appelait autrefois château *d' ambuscade* . Ses hautes arches voûtées résonnaient au loin avec nos pas, et l'air extérieur soufflait en rafales aiguës à travers les meurtrières - fentes étroites faites pour les archers d'autrefois - faisait allumer et vaciller nos torches d'espace en espace sur le ciel faiblement éclairé. les lignes saillantes des arcs qui captaient la lumière incertaine.

Sperver connaissait chaque recoin de ce vaste lieu. Il tournait tantôt à droite, tantôt à gauche, et je le suivais, essoufflé. Enfin il s'arrêta sur un palier spacieux et me dit :

"Maintenant, Fritz, je vais te laisser une minute avec les gens du château pour informer la jeune comtesse Odile de ton arrivée."

"Faites ce que vous pensez être juste."

" Ensuite vous trouverez le majordome en chef, Tobias Offenloch , un vieux soldat du régiment de Nideck . Il a fait campagne en France sous le comte ; et vous verrez sa femme, une Française, Marie Lagoutte , qui prétend être d'une haute noblesse. famille."

"Et pourquoi ne le ferait-elle pas ?"

" Bien sûr qu'elle pourrait le faire ; mais, entre nous, elle n'était qu'une *cantinière* dans la Grande Armée. Elle a amené Tobias Offenloch sur sa charrette, sans une jambe, et il l'a épousée par gratitude. Vous comprenez ? "

"Cela fera l'affaire, mais ouvrez-le, car je suis engourdi par le froid."

Et j'étais sur le point de continuer ; mais Sperver , aussi obstiné que n'importe quel bon Allemand, n'allait pas me laisser partir sans m'édifier sur l'histoire des gens avec lesquels mon sort allait être partagé pour un moment , et me tenant par les grenouilles de mon manteau de fourrure, il a continué—

" Il y a aussi Sébalt Kraft, le maître de la meute ; c'est un garçon un peu lugubre, mais il n'a pas son égal pour sonner du cor ; et il y aura Karl Trumpf

, le majordome, et Christian Becker, et tout le monde, à moins que ils sont tous couchés. »

Alors Sperver poussa la porte, et je me trouvai avec une certaine surprise sur le seuil d'une salle haute et sombre, la salle des gardes des vieux seigneurs du Nideck .

Mes yeux tombèrent d'abord sur les trois fenêtres du fond, donnant sur le précipice rocheux. À droite se trouvait un vieux buffet en chêne foncé, et dessus un tonneau, des verres et des bouteilles ; à gauche, une cheminée gothique surplombée de sa lourde cheminée massive, empourprée par le feu brillant et rugissant en dessous, et ornée sur la façade et sur les côtés de sculptures en bois représentant des scènes de chasses au sanglier au Moyen Âge, et au centre de l'appartement. une longue table sur laquelle était posée une immense lampe qui éclairait une douzaine de chopes d'étain.

D'un seul coup d'œil, j'ai vu tout cela ; mais c'est la partie humaine de la scène qui m'intéressait le plus.

Je reconnaissais le majordome à sa jambe de bois dont j'avais déjà entendu parler ; il était de petite taille, rond, gras et rose, et ses genoux arrivaient rarement à portée de sa vue ; un nez rouge et bulbeux comme une framboise mûre ; il portait sur la tête une énorme perruque couleur de chanvre , bombée sur sa grosse nuque ; un manteau de peluche vert clair, avec des boutons d'acier gros comme une pièce de cinq francs ; des culottes de velours, des bas de soie et des souliers garnis de boucles d'argent. Il avait la main sur le dessus du tonneau, avec un air de satisfaction inexprimable rayonnant sur ses traits rouges et ses yeux brillant de profil, au reflet du feu, comme deux verres de montre.

Sa femme, la digne Marie Lagoutte , sa taille dépouillé drapée de plis volumineux, son visage long et jaunâtre comme une peau de chamois, jouait aux cartes avec deux domestiques gravement assis sur des fauteuils à dossier droit. Certaines petites chevilles fendues étaient posées à califourchon sur le nez de la vieille femme et sur celui d'un autre joueur, tandis que le troisième clignait de l'œil de manière significative et astucieuse et semblait apprécier de les voir victimes de ces nouvelles Fourches Caudines .

"Combien de cartes ?" demandait-il.

"Deux", répondit la vieille femme.

"Et toi, Christian ?"

"Deux."

" Aha ! maintenant je t'ai, alors. Coupe le roi, maintenant l'as, en voici un, en voici un autre. Un autre pion, maman ! Cela t'apprendra encore une fois à ne pas te vanter des jeux français. "

"Monsieur Christian, vous ne traitez pas le beau sexe avec le respect qui convient."

"Au jeu de cartes, on ne respecte personne."

"Mais tu vois, je n'ai plus de place !"

"Ourson, sur un nez comme le tien, il y a toujours de la place pour plus !"

A ce moment, Sperver s'écria :

"Les amis, me voici!"

"Ha ! Gideon, déjà de retour ?"

Marie Lagoutte secoua ses nombreuses chevilles d'un mouvement de tête. Le grand majordome but son verre. Tout le monde s'est tourné vers nous.

« Est-ce que Monseigneur va mieux ?

Le majordome répondit par une éjaculation douteuse.

"Est-ce qu'il est pareil ?"

"Beaucoup de choses", répondit Marie Lagoutte , qui ne me quittait pas des yeux.

Sperver l'a remarqué.

"Permettez-moi de vous présenter mon fils adoptif, le docteur Fritz, de la Forêt-Noire", répondit-il fièrement. "Maintenant, nous allons voir un changement, maître Tobie. Maintenant que Fritz est arrivé, les crises abominables prendront fin. Si seulement j'avais été écouté plus tôt, mais mieux vaut tard que jamais."

Marie Lagoutte nous observait toujours, et son regard parut satisfaisant, car, s'adressant au majordome, elle dit :

"Maintenant, monsieur Offenloch , donnez une chaise au médecin, bougez un peu, faites-le ! Vous êtes là, la bouche grande ouverte, comme un poisson. Ah, monsieur, ces Allemands !"

Et le brave homme, sautant comme mû par un ressort, vint ôter mon manteau.

"Permettez-moi, monsieur."

"Vous êtes très gentille, ma chère dame."

"Donnez-le-moi. Quel temps épouvantable ! Ah, monsieur, quel affreux pays c'est !"

" Ainsi Monseigneur n'est ni meilleur ni pire, " dit Sperver en secouant la neige de sa casquette ; "Nous n'arrivons donc pas trop tard. Ho, Kasper ! Kasper !"

Un petit homme, qui avait une épaule plus haute que l'autre, et le visage tacheté d'innombrables taches de rousseur, sortit du coin de la cheminée.

"Me voici!"

"Très bien ; maintenant préparez pour ce monsieur la chambre au bout de la longue galerie... la chambre de Hugh ; vous voyez ce que je veux dire."

"Oui, Sperver , dans une minute."

"Et tu emporteras avec toi, en chemin, le sac à dos du docteur. La Knapwurst te le donnera. Quant au souper..."

"Cela ne vous dérange pas. C'est mon affaire."

"Très bien, alors. Je dépendrai de vous."

Le petit homme sortit, et Gédéon, après avoir ôté sa cape, nous quitta pour aller prévenir la jeune comtesse de mon arrivée.

J'ai été plutôt submergé par les attentions de Marie Lagoutte .

"Abandonnez votre place, Sébalt ", cria-t-elle au gardien du chenil. " Vous êtes déjà assez rôtis. Asseyez-vous près du feu, monsieur le docteur ; vous devez avoir les pieds bien froids. Étendez vos jambes, c'est comme ça. "

Puis, me tendant sa tabatière...

"Est-ce que tu prends du tabac ?"

"Non, chère Madame, avec un grand merci."

"C'est dommage", répondit-elle en remplissant ses deux narines. "C'est l'habitude la plus délicieuse."

Elle remit sa tabatière dans la poche de son tablier et reprit :

" Vous n'êtes pas arrivé trop tôt. Monseigneur a eu hier sa deuxième attaque ; c'était une attaque affreuse, n'est-ce pas, monsieur Offenloch ? "

"Vraiment furieux", répondit gravement le majordome en chef.

— Il n'est pas étonnant, continua-t-elle, qu'un homme ne prenne aucune nourriture. Imaginez, monsieur, que depuis deux jours il n'a jamais goûté de bouillon !

— Ni un verre de vin, ajouta le majordome en croisant les mains sur sa personne corpulente et bien faite.

Comme cela semblait attendu de moi, j'exprimai ma surprise, sur quoi Tobias Offenloch vint s'asseoir à ma droite et dit :

"Docteur, suivez mon conseil : commandez-lui une bouteille par jour de Marcobrunner ."

"Et," ajouta Marie Lagoutte , "une aile de poulet à chaque repas. Le pauvre homme est affreusement maigre."

"Nous avons Marcobrunner en bouteille depuis soixante ans", ajouta le majordome, "car c'est une erreur de madame Offenloch de supposer que les Français ont tout bu. Et vous feriez mieux de commander, pendant que vous y êtes, de temps en temps. , une bonne bouteille de Johannisberg . C'est le meilleur vin pour redresser un homme."

« Il était un temps, dit le maître des chiens d'une voix lugubre, un temps où Monseigneur chassait deux fois par semaine ; alors il se portait bien ; quand il cessait de chasser, alors il tombait malade.

" Bien entendu , il ne pouvait en être autrement", a observé Marie Lagoutte . "Le grand air donne de l'appétit. Le médecin ferait mieux de lui ordonner de chasser trois fois par semaine pour rattraper le temps perdu."

— Deux suffiraient, répondit l'homme aux chiens avec la même gravité ; "C'est bien assez. Les chiens doivent se reposer. Les chiens ont autant le droit de se reposer que nous."

Il y eut quelques instants de silence, pendant lesquels j'entendis le vent frapper les vitres et se précipiter, en soupirant et en gémissant, par les meurtrières dans les tours.

Sébalt était assis, les jambes croisées, le coude appuyé sur son genou, et il regardait le feu avec une tristesse indicible. Marie Lagoutte , après s'être rafraîchie d'une nouvelle pincée, mettait en forme son tabac à priser dans sa boîte, pendant que je réfléchissais à l'étrange habitude qu'ont les gens d'imposer leurs conseils à ceux qui n'en veulent pas.

En ce moment, le majordome se leva.

"Voulez-vous prendre un verre de vin, docteur ?" dit-il en se penchant sur le dossier de mon fauteuil.

"Merci, mais je ne bois jamais avant de voir un patient."

"Quoi ! pas même un petit verre ?"

"Pas le plus petit verre que tu puisses m'offrir."

Il ouvrit grand les yeux et regarda sa femme avec étonnement.

"Le médecin a raison", dit-elle. "Je suis tout à fait de son avis. Je préfère boire avec ma viande, et prendre ensuite un verre de cognac. C'est ce que font les dames en France. Le cognac est plus à la mode que le kirschwasser !"

Marie Lagoutte avait à peine fini sa thèse que Sperver ouvrit doucement la porte et me fit signe de le suivre.

Je saluai « l' honorable compagnie », et comme j'entrais dans le couloir , j'entendis cette dame dire à son mari :

"C'est un gentil jeune homme. Il aurait fait un beau soldat."

Sperver parut inquiet, mais ne dit rien. J'étais plein de mes propres pensées.

Quelques pas sous les voûtes obscures du Nideck effaçèrent complètement de ma mémoire les figures bizarres de Tobias et de Marie Lagoutte , pauvres créatures inoffensives, existant comme des chauves-souris sous l'aile puissante du vautour.

Bientôt, Gédéon m'introduisit dans un appartement somptueux tendu de velours violet rehaussé d'or. Une lampe en bronze se dressait dans un coin, sa luminosité atténuée par un globe de cristal broyé ; des tapis épais, doux comme le gazon des collines, rendaient nos pas silencieux. Cela semblait un lieu propice au silence et à la méditation.

En entrant, Sperver souleva les lourdes draperies qui tombaient autour d'une fenêtre en accolade. Je l'ai observé tendre les yeux pour découvrir quelque chose dans la distance sombre ; il cherchait à savoir si la sorcière gisait toujours là, accroupie sur la neige, au milieu de la plaine ; mais il ne pouvait rien voir, car il y avait une profonde obscurité autour de tout.

Mais j'avais fait quelques pas et j'aperçus, aux faibles rayons de la lampe, une silhouette pâle et délicate assise sur une chaise gothique, non loin du malade. C'était Odile de Nideck . Sa longue robe de soie noire, sa douce expression de calme dévouement et de résignation complète, la distribution idéale et angélique de ses doux traits rappelaient à l'esprit ces mystérieuses créations du crayon au Moyen Âge, lorsque la peinture était considérée comme une véritable l'art, mais que les imitateurs modernes se sont vu obligés d'abandonner en désespoir de cause, sans pour autant pouvoir les oublier.

Je ne saurais dire quelles pensées me traversèrent rapidement l'esprit à la vue de cette belle créature, mais certainement beaucoup de dévotion se mêla à mes sentiments. Un sentiment de musique et d'harmonie tristement balayé par l'âme, avec de faibles impressions des vieilles ballades de mon enfance, de ces chants pieux avec lesquels les gentilles nourrices de la Forêt-Noire bercent pour endormir paisiblement nos chagrins d'enfant.

A mon approche, Odile se leva.

« De rien, monsieur le docteur », dit-elle avec une gentillesse et une simplicité touchantes ; puis, désignant du doigt un renfoncement où se trouvait le comte, elle ajouta : « Voilà mon père.

Je m'inclinai respectueusement et sans répondre, car je me sentais profondément ému, et je m'approchai de mon malade.

Sperver, debout à la tête du lit, tenait la lampe d'une main, tenant sa casquette éloignée de l'autre. Odile se tenait à ma gauche. La lumière, adoucie par la lumière tamisée du globe de cristal broyé, tombait doucement sur le visage du comte.

Aussitôt je fus frappé d'une étrangeté dans la physionomie du comte de Nideck , et malgré toute l'admiration que sa charmante fille avait aussitôt suscitée de moi, ma première conclusion fut : « Quel vieux loup !

Et c'est effectivement ce qu'il semblait être. Une tête grise, couverte de cheveux courts et serrés, étrangement pleins derrière les oreilles, et allongés dans le visage jusqu'à une longueur prodigieuse, l'étroitesse du front jusqu'à son sommet s'élargissant sur les sourcils hirsutes et réunis, pointant vers le bas. sur l'arête du nez, ombrageant imparfaitement de leur contour sable les yeux froids et inexpressifs ; la barbe courte et rugueuse, irrégulièrement étalée sur le contour anguleux et osseux de la bouche, chaque trait de l'effroyable figure de cet homme me faisait frémir, et d'étranges idées me traversaient l'esprit sur les mystérieuses affinités entre l'homme et la création inférieure.

Mais j'ai résisté à mes premières impressions et j'ai pris la main du malade. Il était sec et nerveux, mais petit et fort ; J'ai trouvé le pouls rapide, fébrile et dénotant une grande irritabilité.

Que devais-je faire ?

Je réfléchissais ; d'un côté se tenait la jeune dame, essayant anxieusement de lire un peu d'espoir sur mon visage ; de l'autre Sperver , également anxieux et surveillant chacun de mes mouvements. Une contrainte douloureuse s'imposait donc sur moi, et pourtant je voyais qu'il n'y avait encore rien de précis à tenter.

J'ai laissé tomber le bras et j'ai écouté la respiration. De temps en temps, un sanglot convulsif soulevait le cœur du malade, suivi d'une succession de respirations rapides et courtes. Une sorte de cauchemar l'alourdissait visiblement : l'épilepsie, peut-être, ou le tétanos. Mais quelle pourrait en être la cause ou l'origine ?

Je me retournai plein de pensées douloureuses.

"Y a-t-il un espoir, monsieur ?" demanda la jeune comtesse.

« La crise d'hier touche à sa fin, répondis-je ; "nous devons voir si nous pouvons empêcher que cela ne se reproduise."

« Y a-t-il une possibilité, monsieur ?

J'étais sur le point de répondre en termes médicaux généraux, n'osant oser aucune affirmation positive, lorsque le son lointain de la cloche de la porte tomba dans nos oreilles.

"Visiteurs", a déclaré Sperver .

Il y eut un moment de silence.

— Allez voir qui c'est, dit Odile dont le front fut un moment ombré d'inquiétude. "Comment peut-on être hospitalier envers des étrangers à un moment pareil ? Ce n'est guère possible !"

Mais la porte s'ouvrit, et un visage rose, aux cheveux d'or, apparut dans l'ombre et dit à voix basse :

"C'est le baron de Zimmer- Bluderich , avec un domestique, et il demande refuge au Nideck . Il s'est égaré dans les montagnes."

"Très bien, Gretchen," répondit gentiment la jeune comtesse; " Allez dire à l'intendant de s'occuper du baron de Zimmer. Informez-le que le comte est très malade, et que cela seul l'empêche de faire les honneurs comme il voudrait. Réveillez quelques-uns de nos gens pour le servir, et que tout se fasse correctement. »

Rien ne pouvait surpasser la douce et noble simplicité de la jeune châtelaine pour donner ses ordres. Si un air de distinction semble héréditaire dans certaines familles, c'est sûrement parce que l'exercice des devoirs que confère la possession de richesses a une tendance naturelle à ennoblir tout le caractère et l'allure.

Ces pensées me traversèrent l'esprit en admirant la grâce et la douceur de chaque mouvement d'Odile de Nideck , et cette clarté et cette pureté de contour qui ne se trouvent marquées que dans les traits de la haute aristocratie, et je ne pus rien rappeler dans mon souvenir qui soit égal à cette beauté idéale.

« Partez maintenant, Gretchen, dit la jeune comtesse, et dépêchez-vous. »

La servante sortit et je restai quelques secondes sous l'influence du charme de ses manières.

Odile se retourna et s'adressant à moi : « Vous voyez, monsieur, dit-elle avec un sourire triste, on ne peut pas se laisser aller au chagrin sans s'arrêter ; il faut se partager entre notre affection au dedans et le monde au dehors.

"C'est vrai, madame," répondis-je; "Les âmes du plus haut ordre sont pour la propriété commune et le bénéfice des malheureux - du voyageur égaré, des malades, des pauvres affamés - chacun a droit à sa part, car Dieu les a faites comme les étoiles du ciel pour donner la lumière et plaisir à tous."

Les paupières profondément frangées cachèrent un instant les yeux bleus, tandis que Sperver me serrait la main.

Actuellement, elle poursuivit...

"Ah, si vous pouviez restaurer la santé de mon père !"

"Comme j'ai eu le plaisir de vous l'informer, Madame, la crise est passée ; le retour doit être anticipé, si possible."

"Espérez-vous que ce soit le cas?"

" Avec l'aide de Dieu, Madame, ce n'est pas impossible ; j'y réfléchirai bien. "

Odile, très émue, m'accompagna jusqu'à la porte. Sperver et moi traversâmes l'antichambre où quelques domestiques attendaient les ordres de leur maîtresse. Nous venions d'entrer dans le couloir, lorsque Gédéon, qui marchait le premier, se retourna vivement et, posant ses deux mains sur mes épaules, me dit :

" Viens, Fritz ; on peut compter sur moi pour garder un secret ; quelle est ton opinion ? "

"Je pense qu'il n'y a aucune raison d'appréhender pour ce soir."

"Je le sais, c'est ce que tu as dit à la comtesse, mais que diriez-vous de demain ?"

"Demain?"

"Oui, ne vous retournez pas. Je suppose que vous ne pouvez pas empêcher le retour de la plainte ; pensez-vous, Fritz, qu'il en mourra ?"

"C'est possible, mais peu probable."

"Bien joué!" s'écria le brave homme en sautant de terre avec joie ; "si vous ne le pensez pas, cela veut dire que vous en êtes sûr."

Et me prenant le bras, il m'entraîna dans la galerie. Nous venions d'y arriver, lorsque le baron de Zimmer- Bluderich et son palefrenier y parurent également, escortés par Sébalt , une torche allumée à la main. Ils se dirigeaient vers leurs appartements, et ces deux personnages, avec leurs manteaux jetés sur leurs épaules, leurs larges bottes hongroises jusqu'aux genoux, le corps étroitement ceinturé de longues tuniques vert foncé à lacets et à grenouilles, et la peau d'ours. le bonnet couvrant étroitement et chaudement la tête, étaient des objets très pittoresques à la lumière vacillante de la torche en pin.

« Voilà, murmura Sperver , si je ne me trompe pas beaucoup, ce sont nos amis fribourgeois ; ils nous ont suivis de très près.

" Vous avez bien raison : ce sont des hommes ; je reconnais le plus jeune à sa taille haute et élancée, son nez aquilin et sa longue moustache tombante. "

Ils disparurent par un passage latéral.

Gédéon prit une torche sur le mur et me guida à travers tout un dédale de couloirs, d'allées, de passages étroits et larges, sous de hauts toits voûtés et sous des arcs bas ; qui pourrait s'en souvenir ? Il ne semblait pas y avoir de fin.

« Voici la salle des margraves, dit-il ; "Voici la galerie de portraits, et voici la chapelle, où l'on ne dit plus aucune messe depuis que Louis le Téméraire est devenu protestant."

Tous ces détails m'intéressaient fort peu.

Après avoir atteint la fin, il nous fallut redescendre les escaliers ; enfin nous arrivâmes joyeusement au terme de notre voyage devant une porte basse et massive . Sperver sortit de sa poche une énorme clé et, me tendant le flambeau, dit :

« Attention à la lumière, faites attention !

En même temps , il poussa la porte et l'air froid du dehors se précipita dans le passage étroit. La torche s'enflamma et envoya une volée d'étincelles dans toutes les directions. J'ai cru voir un abîme sombre devant moi et j'ai reculé de peur.

"Hahaha!" s'écria le chasseur en ouvrant la bouche jusqu'aux oreilles, tu n'as sûrement pas peur, Fritz ? Allons, n'aie pas peur ! Nous sommes sur le parapet entre le château et la vieille tour.

Et mon ami s'est avancé pour me donner l'exemple.

L'étroite plate-forme aux murs de granit était profondément enneigée, balayée en talus tourbillonnants par les vents furieux. Quiconque avait vu notre torche flamboyante d'en bas aurait demandé : « Que font-ils là-haut dans les nuages ? Que peuvent-ils vouloir à cette heure de la nuit ?

Peut-être, pensais-je en moi-même, la sorcière nous regarde, et cette idée m'a fait frissonner. Je rapprochai les plis de mon manteau de cavalier, et, la main sur mon chapeau, je partis en courant après Sperver ; il levait la lumière au-dessus de sa tête pour me montrer la route et avançait rapidement.

Nous nous sommes précipités dans la tour puis dans la chambre de Hugh Lupus. Un feu vif nous saluait ici de ses rayons joyeux ; quel plaisir de se retrouver à nouveau abrité par des murs épais !

Je m'étais arrêté pendant que Sperver fermait la porte, et en contemplant cette ancienne demeure, je m'écriais :

"Dieu merci ! nous allons nous reposer maintenant !"

"Avec une table bien meublée devant nous", ajouta Gideon. « Ne restez pas là le nez en l'air, mais considérez plutôt ce qui est devant vous : un gigot de chevreau, quelques volailles rôties, un brochet fraîchement pêché, sauce persillée ; de la charcuterie et des vins chauds, c'est ça. J'aime bien. Kasper a répondu à mes commandes comme un très bon garçon.

Gédéon a dit la vérité. Les viandes étaient froides et les vins tièdes, car devant le feu se trouvaient une rangée de petites bouteilles sous la douce influence de la chaleur.

A la vue de ces bonnes choses, mon appétit monta merveilleusement en moi. Mais Sperver , qui a compris ce qui est confortable, m'a arrêté.

« Fritz, dit-il, ne nous précipitons pas trop ; nous avons tout le temps ; les poules ne s'envoleront pas. Vos bottes doivent vous faire mal. Après huit heures de cheval, il est agréable de prendre enlève ses bottes, c'est mon principe. Maintenant assieds-toi, mets ta botte entre mes genoux ; il en va une, puis l'autre, c'est comme ça ; maintenant mets tes pieds dans ces pantoufles, enlève ton manteau et enfile ce manteau plus léger par-dessus. vos épaules. Maintenant nous sommes prêts.

Et sous son joyeux appel, je me suis assis avec lui pour travailler, un de chaque côté de la table, me souvenant du proverbe allemand : « La soif vient du malin, mais le bon vin des puissances d'en haut. »

---

## CHAPITRE III.

Nous mangâmes avec cet appétit vigoureux que dix heures dans les neiges de la Forêt-Noire ne manqueraient pas de provoquer.

Sperver attaquant aveuglément le chevreau, les poules et les poissons, murmura la bouche pleine :

"Les bois, les lacs et rivières, les collines de bruyères regorgent de bonnes choses !"

Puis il se pencha sur le dossier de sa chaise, et posant la main sur la première bouteille qui lui tomba sous la main, il ajouta :

"Et nous avons des collines vertes au printemps, violettes en automne lorsque les raisins mûrissent. Ta santé, Fritz !"

« Votre, Gédéon ! »

Nous étions une merveille à voir. Nous nous admirions réciproquement.

Le feu crépitait, les fourchettes claquaient, les dents s'activaient, les bouteilles gargouillaient, les verres tintaient, tandis qu'au dehors du souffle hivernal, les grands vents gémissants des montagnes chantaient tristement le chant funèbre de l'année, cet étrange hymne lamentable dont ils accompagnent le le choc de la tempête et la course rapide des nuages gris chargés de neige et de grêle, tandis que la lune pâle illumine la sombre et épouvantable scène de bataille.

Mais nous étions bien à l'abri et notre appétit s'évanouissait dans l'histoire. Sperver avait rempli le " wieder komm », le « reviens », avec du vieux vin de Brumberg ; la mousse étincelante bordait ses amples bords ; il me le présenta en disant :

"Bois à la santé de Yeri -Hans, seigneur du Nideck . Buvez jusqu'à la dernière goutte et montrez-leur que vous le pensez !"

Ce qui fut fait.

Puis il le remplit de nouveau, et répétant d'une voix qui résonnait parmi les vieux murs : « Pour le rétablissement de mon noble maître, le haut et puissant seigneur du Nideck », il le vida également.

Puis un sentiment de satisfaction nous envahit doucement et nous nous sentions satisfaits de tout.

Je suis retombé sur ma chaise, le visage tourné vers le plafond et les bras pendants paresseusement. J'ai commencé, rêveur, à réfléchir au genre d'endroit dans lequel j'étais entré.

C'était un plafond voûté bas, taillé dans la roche vive, presque en forme de four, et haut à peine de douze pieds au point le plus élevé. À l'autre extrémité, je vis une sorte de renfoncement profond où reposait mon lit à terre, et constitué, comme je pensais pouvoir le voir, d'une énorme peau d'ours au-dessus, et je ne pouvais dire quoi en dessous, et à l'intérieur encore un autre une niche plus petite avec une figure de la Vierge Marie taillée dans le même granit et couronnée d'un bouquet d'herbes desséchées.

"Vous regardez votre chambre", a déclaré Spencer. " *Parbleu !* ce n'est ni l'un des plus grands ni des plus grandioses, pas tout à fait comme les pièces du château. Nous sommes maintenant dans la tour d'Hugues Lupus, un lieu aussi vieux que la montagne elle-même, remontant aussi loin que du temps de Charlemagne. Dans ces À cette époque, comme vous le voyez, les gens n'avaient pas encore appris à construire des arches hautes, rondes ou pointues. Ils travaillaient directement dans la roche.

"Eh bien, malgré tout, vous m'avez hébergé dans un logement étrange."

" Ne vous y trompez pas, Fritz ; c'est la place d' honneur . C'est ici que le comte a mis tous ses amis les plus distingués. Attention : la tour d'Hugues Lupus est le logement le plus honorable que nous ayons. "

"Et qui était Hugh Lupus ?"

"Eh bien, Hugues le Loup, bien sûr. C'était le chef de la famille de Nideck , un guerrier rude et prêt, je peux vous le dire. Il est venu s'installer ici avec une vingtaine de cavaliers et de hallebardiers de sa suite. " Ils ont escaladé ce rocher, le plus haut rocher de ces montagnes. Vous le verrez demain. Ils ont construit cette tour et ont proclamé : " Maintenant, nous sommes les maîtres ! Malheur aux misérables qui passeront sans nous payer de péage. " Nous leur arracherons la laine du dos, et leur peau aussi, s'il le faut. De cette tour de guet, nous aurons une vue lointaine tout autour. Les cols du Rhéthal , du Steinbach, de Koche Plate et de toute la frontière de la Forêt-Noire est sous nos yeux. Que les colporteurs juifs et les marchands prennent garde ! Et les nobles ont fait ce qu'ils avaient promis. Hugues le loup était à leur tête. Knapwurst m'a tout raconté pendant une nuit.

"Qui est la Knapwurst ?"

"Ce petit bossu qui nous a ouvert le portail. C'est un drôle d'homme, Fritz, et il vit presque dans la bibliothèque."

— Vous avez donc un savant au Nideck ?

"Oui, nous l'avons fait, le coquin ! Au lieu de s'enfermer dans la loge du concierge, sa véritable place, il est toute la journée parmi les livres poussiéreux et les parchemins de la famille. Il va et vient le long des étagères de la bibliothèque juste comme un gros chat. Knapwurst connaît notre histoire mieux que nous-mêmes. Il vous raconterait les histoires les plus longues, Fritz, si vous le lui permettiez. Il les appelle des chroniques — ha, ha !

Et Sperver , le vin lui montant un peu à la tête, se mit à rire, il ne pouvait pas dire pourquoi.

"Alors, Gideon, tu appelles cette tour, la tour de Hugh, la tour Hugh Lupus ?"

"Ne te l'ai-je pas déjà dit ? De quoi es-tu si étonné ?"

"Rien en particulier."

"Mais tu l'es. Je peux le voir sur ton visage. Tu penses à quelque chose d'étrange. Qu'est-ce que c'est ?"

"Oh, tant pis! Ce n'est pas le nom de la tour qui me surprend. Ce que je me demande, c'est comment se fait-il que toi, un vieux braconnier, qui n'as jamais vécu ailleurs depuis ton enfance qu'au milieu des forêts de sapins , entre les sommets enneigés du Wald Horn et les cols du Rhéthal — toi qui, dans la force de l'âge, trouvais le plus beau des plaisirs à te moquer des gardes-chasse du comte et à parcourir les sentiers de montagne du Schwartzwald, et Naviguez là-bas dans les buissons, respirez l'air libre et profitez du soleil éclatant parmi les collines et les vallées - ici je vous trouve, au bout de seize ans d'une telle vie, enfermé dans ce trou de granit rouge. ça me surprend et ce que je ne comprends pas. Viens, Sperver , allume ta pipe et raconte-moi tout ça.

Le vieux braconnier sortit de sa veste de cuir un bout de pipe noircie ; il le remplissait à loisir, ramassait au creux de sa main une braise vive qu'il posait sur le fourneau de sa pipe ; puis, les yeux rêveusement tournés vers le plafond, il répondit d'un ton méditatif :

" Les vieux faucons, gerfauts et faucons, lorsqu'ils ont longtemps balayé les plaines, finissent leur vie dans un trou dans un rocher. Effectivement , j'aime les vastes étendues de ciel et de terre. Je l'ai toujours aimé ; mais au lieu de cela, de me percher la nuit sur une haute branche d'un grand arbre, bercé par le vent, je préfère maintenant retourner dans ma caverne, boire un verre, cueillir un os de venaison et sécher mon plumage devant un feu tiède. du Nideck ne dédaigne pas Sperver , le vieux faucon, le véritable homme des bois. Un soir, me rencontrant au clair de lune, il me dit franchement : " Vieux camarade, tu ne chasses que de nuit. Viens chasser de jour avec moi. " Vous avez un bec pointu et de fortes griffes. Eh bien, chassez, si telle est votre nature ; mais chassez selon mon permis , car je suis l'aigle sur ces montagnes, et je m'appelle Nideck !'"

Sperver resta silencieux quelques minutes ; puis il reprit :

"C'était exactement ce qui me convenait, et maintenant je chasse comme avant, et je bois tranquillement avec un ami ma bouteille d' Affenthal ou..."

A ce moment-là, il y eut un choc qui fit vibrer la porte ; Sperver s'arrêta et écouta.

"C'est un coup de vent", dis-je.

"Non, c'est autre chose. N'entends-tu pas le grattement des griffes ? C'est un chien qui s'est échappé. Ouvre, Lieverlé , ouvre, Blitzen !" s'écria le chasseur en se levant ; mais il n'avait pas fait quelques pas, qu'un formidable chien de race danoise fit irruption dans la tour et courut poser ses lourdes pattes sur les épaules de son maître, lui léchant la barbe et les joues de sa longue langue rose . tout en poussant des aboiements courts et des cris exprimant sa joie.

Sperver avait passé son bras autour du cou du chien et, se tournant vers moi, il dit :

"Fritz, quel homme pourrait m'aimer comme ce chien ? Regarde cette tête, ces yeux, ces dents !"

Il a découvert les dents de l'animal, montrant une série de crocs qui auraient arraché et déchiré un buffle. Puis le repoussant avec difficulté, car le chien redoublait de caresses :

"À terre, Lieverlé . Je sais que tu m'aimes. Si tu ne m'aimais pas, qui le ferait ?"

Jamais je n'avais vu un chien aussi formidable que ce Lieverlé . Sa taille atteignait deux pieds et demi. Il aurait été une créature des plus redoutables lors d'une attaque. Son front était large, plat et couvert de cheveux fins et doux ; son œil était perçant, ses pattes très longues, ses flancs et ses pattes une masse tissée de muscles et de nerfs, large sur le dos et les épaules, mince et effilée vers les pattes postérieures. Mais il n'avait aucune odeur. Si des chiens aussi monstrueux et puissants étaient dotés de l'odeur du terrier, le jeu serait bientôt terminé.

Sperver était revenu à sa place, passait avec fierté la main sur la tête massive de Lieverlé et m'énumérait ses excellentes qualités.

Lieverlé semblait le comprendre.

"Tu vois, Fritz, ce chien étrangle un loup d'un simple claquement de mâchoire. Pour le courage et la force, il est parfait. Il n'a pas cinq ans, mais il est dans la fleur de l'âge. Je n'ai pas besoin de vous dire qu'il est dressé. pour chasser le sanglier. Chaque fois que nous en rencontrons un troupeau, je tremble pour Lieverlé ; son attaque est trop directe, il vole sur le gibier droit comme une flèche. C'est pourquoi j'ai peur des défenses des brutes. Couchez-vous , Lieverlé , allonge-toi sur le dos !"

Le chien obéit et se présenta pour voir ses côtés couleur chair .

"Regarde, Fritz, cette longue couture blanche sans aucun poil depuis le dessous de la cuisse jusqu'à la poitrine. Un sanglier a fait ça. Pauvre créature ! il le tenait fermement par l'oreille et ne voulait pas le lâcher ; nous avons suivi le deux par le sang. J'étais le premier avec eux. Voyant mon Lieverlé , j'ai poussé un cri, j'ai sauté de mon cheval, je l'ai attrapé entre mes bras, je l'ai jeté dans mon manteau et je l'ai ramené à la maison. J'étais presque hors de moi. " Heureusement que les parties vitales n'avaient pas été blessées. Je lui ai recousu le ventre malgré ses hurlements et ses hurlements, car il souffrait terriblement ; mais en trois jours il léchait déjà sa plaie, et un chien qui se lèche est déjà sauvé. Vous tu te souviens de ça, Lieverlé , hé ! et ne nous aimons-nous pas plus que jamais ?

J'ai été très ému de l'affection de l'homme pour ce chien et du chien pour son maître ; ils semblaient s'interroger au plus profond de l'âme de chacun. Le chien remuait la queue et l'homme avait les larmes aux yeux.

Sperver reprit :

"Quelle force incroyable ! Tu vois, Fritz, il a cassé sa corde pour m'atteindre, une corde à six brins ; il a découvert ma trace et le voilà ! Tiens, Lieverlé , attrape !"

Et il lui jeta les restes de la jambe du chevreau. Les mâchoires s'ouvrirent en grand et se refermèrent avec un fracas terrible, et Sperver , me regardant d'un air significatif, dit :

"Fritz, s'il te saisissait par ta culotte, tu ne t'en sortirais pas si facilement !"

"Ni personne d'autre, je suppose."

Le chien alla s'étendre à son aise de tout son long sous la tablette de la cheminée, la patte serrée entre ses puissantes pattes. Il commença à le déchirer en morceaux. Sperver le regardait du coin de l'œil avec une grande satisfaction. L'os tombait rapidement en petits fragments dans le puissant moulin qui le brisait. Lieverlé avait un faible pour la moelle !

"Aha ! Fritz, si on te demandait de lui rapporter cet os, que dirais-tu ?"

"Je devrais penser que c'est une mission exigeant une délicatesse et un tact extraordinaires."

Puis nous éclatâmes de bon rire, et Sperver , assis dans son fauteuil de cuir, le bras gauche rejeté en arrière au-dessus de sa tête, une de ses jambes viriles sur un tabouret et l'autre devant une énorme bûche, qui était dégoulinant à son extrémité de la sève suintante et projetant des volumes de fumée gris clair vers le toit.

Je contemplais encore le chien, quand, me rappelant tout à coup notre conversation interrompue, je continuai :

"Maintenant, Sperver , tu ne m'as pas tout dit. Quand tu as quitté la montagne pour le château, n'est-ce pas à cause de la mort de Gertrude, ta bonne et excellente épouse ?"

Gideon fronça les sourcils et une larme lui obscurcit les yeux ; il se redressa, et secouant la cendre de sa pipe sur son ongle du pouce, il dit :

" C'est vrai, ma femme est morte. Cela m'a chassé des bois. Je ne pouvais pas regarder la vallée de la Roche Creuse sans douleur. J'ai tourné ma fuite dans ce sens : je chasse moins dans les bois, et je vois tout cela de plus haut, et si par hasard la meute part dans cette direction , je la laisse partir. Je fais demi-tour et j'essaie de penser à autre chose.

Sperver était devenu taciturne. La tête penchée sur la poitrine, les yeux fixés sur le sol de pierre, il restait silencieux. J'étais désolé d'avoir réveillé en lui ces souvenirs mélancoliques. Puis, mes pensées revenant une fois de plus à la Peste Noire rampant dans la neige, j'ai ressenti un frisson d'horreur.

Comme c'est étrange! un seul mot nous avait envoyé dans une suite de pensées malheureuses. Tout un monde de souvenirs a été évoqué par hasard.

Je ne sais combien de temps dura ce silence, lorsqu'un grognement profond, long et terrible, comme un tonnerre lointain, nous fit tressaillir.

Nous avons regardé le chien. L'os à moitié rongé était toujours entre ses pattes avant, mais avec la tête haute, les oreilles dressées et l'œil brillant, il écoutait attentivement – écoutant pour ainsi dire le silence, et un frémissement de colère parcourait tout son dos.

Sperver et moi nous fixâmes des yeux anxieux ; pourtant il n'y avait pas un bruit, pas un souffle dehors, car le vent était tombé ; on n'entendait rien d'autre que le grognement profond et prolongé qui sortait du plus profond de la poitrine du noble chien.

Soudain, il se releva et bondit impétueusement contre le mur avec un aboiement rauque et rugueux d'une puissance effrayante. Les murs résonnaient comme si un coup de tonnerre avait fait trembler les fenêtres.

Lieverlé , la tête basse, semblait vouloir voir à travers le granit, et ses lèvres écartées de ses dents les découvraient jusqu'aux gencives, montrant deux rangées rapprochées de crocs blancs comme de l'ivoire. Il grogna quand même . Un instant, il s'arrêtait brusquement, le nez reniflant près du mur, puis contre le sol, avec de fortes respirations ; puis il se relevait dans une nouvelle rage, et avec ses pattes de devant il semblait vouloir percer le granit.

Nous regardions en silence sans pouvoir comprendre ce qui provoquait son enthousiasme.

Un autre cri de rage plus terrible que le premier nous fit bondir de nos sièges.

" Lieverlé ! qu'est-ce qui t'a pris ? Tu deviens fou ? "

Il saisit une bûche et commença à sonder le mur, ce qui ne rendit que le son sourd et dur d'un mur de roche solide. Il n'y avait aucun creux dedans ; pourtant le chien se tenait en position d'attaque.

— Décidément, vous avez dû faire de mauvais rêves, dit le chasseur. "Viens t'allonger et ne nous inquiète plus avec tes bêtises."

A ce moment, un bruit extérieur parvint à nos oreilles. La porte s'ouvrit, et le gros visage honnête de Tobias Offenloch , sa lanterne dans une main et son bâton dans l'autre, son tricorne sur la tête, apparut, souriant et jovial, dans l'embrasure.

« *Salut ! l'honorable compagnie !* » s'écria-t-il en entrant ; "que faites-vous ici?"

"C'est ce coquin de Lieverlé qui a fait tout ce tapage. Imaginez-vous, il s'est appuyé contre ce mur comme s'il sentait un voleur. Que voulait-il dire ?"

" Pourquoi *parbleu* ! il a entendu le point, point de ma jambe de bois, bien sûr, en montant les escaliers de la tour, " répondit le joyeux garçon en riant.

Puis posant sa lanterne sur la table...

" Cela vous apprendra, ami Gédéon, à attacher vos chiens. Vous êtes bêtement faible envers vos chiens, très bêtement. Vos bêtes ne seront pas satisfaites tant qu'elles ne nous auront pas tous mis dehors. Juste à l'instant où j'ai rencontré Blitzen dans la longue galerie : il a sauté sur ma jambe, voyez, les marques de ses dents sont la preuve de ce que je dis, et c'est une jambe toute nouvelle, une brute de chien !

"Attachez mes chiens ! C'est une idée plutôt nouvelle", dit le chasseur. "Les chiens attachés ne servent à rien, ils deviennent trop sauvages. D'ailleurs, Lieverlé n'était-il pas attaché, après tout ? Voyez sa corde cassée."

" Ce que je vous dis n'est pas pour moi. Quand ils s'approchent de moi, je lève toujours mon bâton et je mets ma jambe de bois en avant : c'est ma discipline. Je dis, les chiens dans leurs chenils, les chats sur le toit, et les des gens dans le château. »

Tobias s'assit après s'être ainsi livré à ses sentiments, et, les deux coudes sur la table, les yeux agrandis de plaisir, il nous confia qu'il était tout à l'heure célibataire.

"Tu ne veux pas dire ça !"

"Oui, Marie Anne est assise avec Gertrude dans l'antichambre de Monseigneur ."

"Alors tu n'es pas pressé de partir ?"

"Non, pas du tout. J'aimerais rester en votre compagnie."

"Comme c'est dommage que vous soyez arrivé si tard !" remarqua Sperver ; "toutes les bouteilles sont vides."

La déception du majordome décontenancé excitait ma compassion. Le pauvre homme aurait si volontiers joui de son veuvage. Mais malgré mes efforts pour le réprimer, un long bâillement étendit largement ma bouche.

"Eh bien, une autre fois", dit-il en se levant. "Ce qui est seulement reporté n'est pas abandonné."

Et il prit sa lanterne.

"Bonne nuit, messieurs."

"Arrêtez, attendez-moi", cria Gideon. "Je vois que Fritz a sommeil ; nous descendrons ensemble."

"Très volontiers, Sperver ; en chemin, nous discuterons avec Trumpf , le majordome. Il est en bas avec les autres et Knapwurst leur raconte des histoires."

"Très bien. Bonne nuit, Fritz."

"Bonne nuit, Gideon. N'oublie pas de me faire venir si le décompte est pire."

"Je ferai ce que tu veux. Lieverlé , viens."

Ils sortirent et, comme ils traversaient le quai , j'entendis sonner onze heures sur l'horloge du Nideck . J'étais fatigué et je me suis vite endormi.

---

# CHAPITRE IV.

La lumière du jour commençait à teinter d'un gris bleuâtre l'unique fenêtre de ma tour de donjon lorsque je fus réveillé de ma niche dans le granit par les notes lointaines et prolongées d'un cor de chasse.

Il n'y a rien de plus triste et de plus mélancolique que le gémissement de cet instrument quand le jour commence à lutter avec la nuit, quand pas un soupir ni un bruit d'ailleurs ne vient troubler le règne solitaire du silence ; c'est surtout la dernière longue note qui se répand en vagues grandissantes sur l'immensité de la plaine en contrebas, réveillant les échos lointains, lointains parmi les montagnes, qui a en elle un élément poétique qui remue les profondeurs de l'âme.

Appuyé sur mon coude dans ma peau d'ours, j'écoutais ce bruit plaintif qui évoquait quelque chose des âges féodaux. La contemplation de ma chambre, l'antique repaire du Loup du Nideck , avec sa voûte basse et sombre, menaçant presque de descendre pour écraser l'occupant ; et plus loin, cette petite fenêtre de plomb, touchant juste le plafond, plus large que haute, et profondément enfoncée dans le mur, ajoutait à la réalité de l'impression.

Je me levai vivement et courus ouvrir grand la fenêtre.

Alors s'offrit à mes yeux étonnés un spectacle si merveilleux qu'aucune langue mortelle, aucune plume humaine ne peut le décrire : la vaste perspective que l'aigle, habitant des hautes Alpes, balaie chaque matin de sa pensée lointaine au lever du soleil. le voile pourpre profond qui surplombait l'horizon la nuit des montagnes plus loin ! des montagnes au loin ! et encore dans le lointain bleu — des montagnes encore, se mêlant aux brumes grises du matin dans l'horizon obscur ! — des flots immobiles qui s'enfoncent dans la paix et le silence dans le lointain bleu des plaines de Lorraine. Telle est une vague idée du puissant paysage des Vosges, des forêts sans limites, des lacs argentés, des crêtes, des crêtes et des sommets éblouissants projetant leurs contours clairs sur le bleu acier des vallées vêtues de neige. Au-delà de cela, un espace infini !

Un enthousiasme de poète ou un talent de peintre pourraient-ils atteindre l'élévation sublime d'une telle scène ?

Je restai muet d'admiration. À chaque instant, les détails ressortaient plus clairement dans la lumière avançant du matin ; des hameaux, des fermes, des villages semblaient surgir et jaillir de chaque ondulation du pays. Un peu plus d'attention faisait apparaître des objets de plus en plus nombreux.

J'étais penché à la fenêtre, plongé dans la contemplation, depuis plus d'un quart d'heure, lorsqu'une main fut légèrement posée sur mon épaule ; Je me retournai surpris, lorsque la silhouette calme et le sourire tranquille de Gédéon me saluèrent avec...

" Guten Tag, Fritz ! Bonjour ! "

Puis il posa également ses bras sur la fenêtre, fumant sa petite pipe. Il tendit la main et dit :

"Regarde, Fritz, et admire ! Tu es un fils de la Forêt-Noire, et tu dois admirer tout cela. Regarde là-bas, il y a Roche Creuse . Le vois-tu ? Tu ne te souviens pas de Gertrude ? À quelle distance de ces époques semble maintenant!"

Sperver essuya une larme. Qu'est-ce que je pourrais dire?

Nous restâmes longtemps assis à contempler et à méditer sur ce grand spectacle. De temps en temps, le vieux braconnier, me remarquant les yeux fixés sur quelque objet lointain, m'expliquait :

"C'est le Wald Horn; c'est le Tiefenthal ; voilà la chute du Steinbach; il ne coule plus maintenant; il pend en grands draps frangés, comme les rideaux sur l'épaule du Harberg - un froid manteau d'hiver! Vers le bas il y a un chemin qui mène à Fribourg ; dans quinze jours il sera difficile de le retrouver.

Ainsi notre époque est révolue.

Je ne pouvais pas m'arracher à une si belle perspective. Quelques oiseaux de proie, aux ailes creusées en une courbe gracieuse et pointue à chaque extrémité, la queue en éventail déployée, balayaient silencieusement autour de la tour taillée dans le roc ; les hérons volaient indemnes au-dessus d'eux, dû à l'élévation de leur vol leur sécurité grâce à la prise de leurs griffes acérées et de leur bec déchirant.

Pas un nuage ne gâchait la beauté du ciel bleu ; toute la neige était tombée à terre ; une fois de plus, le cor du chasseur réveilla les échos.

"C'est mon ami Sébalt qui se lamente là-bas", dit Sperver . " Il sait tout sur les chevaux et les chiens, et il sonne du cor de chasseur mieux qu'aucun homme en Allemagne. Écoute, Fritz, comme les notes sont douces et moelleuses ! Pauvre Sébalt ! il se languit de la maladie de Monseigneur ; il ne peut pas chasser car il Son seul réconfort est de se lever chaque matin au lever du soleil sur l' Altenberg et de jouer les airs préférés du comte . Il pense qu'il pourra le guérir de cette façon !

Sperver , avec le bon goût d'un homme qui apprécie les beaux paysages, n'avait pas interrompu mes contemplations ; mais quand, mes yeux éblouis et baignés de tant de lumière, je me tournai vers l'obscurité de la tour, il me dit :

"Fritz, ça va, le comte n'a pas eu de nouvelle attaque."

Ces mots m'ont ramené au sens des réalités de la vie.

"Ah, je suis très content !"

"Tout cela est dû à toi, Fritz."

"Que veux-tu dire ? Je n'ai pas encore prescrit."

"Qu'est-ce que ça veut dire ? Tu étais là, ça suffisait."

"Tu plaisantes seulement, Gideon ! A quoi sert ma présence si je ne prescris pas ?"

"Eh bien, tu lui portes chance !"

Je l'ai regardé droit dans les yeux, mais il ne souriait même pas !

"Oui, Fritz, tu n'es qu'un messager du bien ; ces deux dernières années, le seigneur a eu une autre attaque le lendemain de la première, puis une troisième et une quatrième. Tu as mis fin à cela. Quoi de plus clair ?"

"Eh bien, pour moi, ce n'est pas très clair ; au contraire, c'est très obscur."

— On n'est jamais trop vieux pour apprendre, poursuivit le brave homme. "Fritz, il y a des messagers du mal et il y a des messagers du bien. Or, ce coquin de Knapwurst , c'est un messager certain du mal. Si jamais je le rencontre en partant à la chasse, je suis sûr d'une mésaventure; mon fusil manque le feu. ou je me fais une entorse à la cheville, ou un chien se déchire !... toutes sortes de méfaits arrivent. Aussi, bien conscient de cela, j'essaie toujours de partir de bon matin, devant cet auteur de méfaits, qui dort comme un loir. , a ouvert les yeux ; ou bien je me glisse par un chemin détourné par la poterne. Ne voyez-vous pas ?

"Je te comprends très bien, mais tes idées me semblent très étranges, Gideon."

" Toi, Fritz, " continua-t-il sans faire attention à mon interruption, " tu es un très excellent garçon ; le ciel a couvert ta tête d'innombrables bénédictions ; un seul coup d'œil sur ton visage joyeux, tes yeux francs et clairs, ton bon caractère sourire, suffit à rendre tout le monde heureux. Vous portez positivement chance avec vous. Je l'ai toujours dit, et maintenant voudriez-vous en avoir la preuve ?

"Oui, en effet, je devrais le faire. Cela vaudrait la peine de savoir ce qu'il y a en moi sans que j'en ai la moindre connaissance."

"Eh bien," dit-il en me saisissant le poignet, "regarde là-bas !"

Il désigna une colline à quelques coups de feu du château.

"Voyez-vous là un rocher à moitié enfoui dans la neige, avec un buisson déchiqueté à ses côtés ?"

"Plutôt bien."

"Voyez-vous quelque chose à proximité ?"

"Non."

"Eh bien, il y a une raison à cela. Vous avez chassé la peste noire ! Chaque année, à la deuxième attaque, là-bas, elle tenait ses pieds entre ses mains. La nuit, elle allumait un feu, elle se réchauffait et faisait bouillir des racines. Elle portait une malédiction avec elle. Ce matin, la toute première chose que j'ai faite a été de me lever ici. J'ai grimpé sur la tour-phare; j'ai bien regardé tout autour; la vieille sorcière n'était nulle part en vue. Je me suis protégé les yeux avec ma main. J'ai regardé de haut en bas, à droite et à gauche, et partout ; aucun signe de la créature nulle part. Elle vous avait visiblement senti.

Et le brave garçon, dans un accès d'enthousiasme, me serra chaleureusement la main, en criant avec une émotion incontrôlée :

"Ah, Fritz, comme je suis content de t'avoir amené ici ! La sorcière *sera* vendue, hein ?"

Eh bien, j'avoue que j'avais un peu honte d'avoir été toute ma vie un jeune homme si méritant sans rien savoir moi-même de cette situation.

"Alors, Sperver , dis-je, le comte a passé une bonne nuit ?"

"Un très bon."

"Alors je suis très content. Descendons."

Nous traversâmes de nouveau le haut parapet, et je pus alors mieux examiner cette voie d'accès, dont les remparts surgissaient d'une profondeur prodigieuse ; et ils s'étendaient le long de la crête étroite et pointue du rocher jusqu'au fond même de la vallée. C'était une longue volée de marches abruptes et irrégulières qui descendaient de la tanière du loup, ou plutôt du nid de l'aigle, jusqu'à la profonde vallée en contrebas.

En baissant les yeux, j'ai eu le vertige et, reculant d'alarme au milieu de la plate-forme, je suis descendu en toute hâte sur le chemin qui menait au bâtiment principal.

Nous avions déjà traversé plusieurs grands couloirs lorsqu'une grande porte ouverte se dressa devant nous. Je regardai à l'intérieur et j'aperçus, au sommet d'une double échelle, le petit gnome Knapwurst , dont l'étrange apparence m'avait frappé la nuit précédente.

La salle elle-même a attiré mon attention par son aspect imposant. C'était le réceptacle des archives de la maison Nideck , un appartement haut, sombre et poussiéreux, avec de longues fenêtres gothiques, allant de l'angle du plafond jusqu'à quelques mètres du sol.

On y trouvait rassemblés sur de spacieuses étagères, par les soins des anciens abbés, non seulement tous les documents, titres de propriété et généalogies familiales de la maison de Nideck , établissant leurs droits et leurs alliances, et leurs liens avec toutes les grandes familles historiques de Allemagne, mais à côté de cela il y avait toutes les chroniques de la Forêt-Noire, les ouvrages complets du vieux Minnesinger et de grands volumes in-folio provenant des presses de Gutenberg et de Faust, qui méritaient une égale vénération en raison de leur histoire remarquable et de leur solidité durable. de leur reliure. Les ombres profondes des voûtes d'arêtes, leurs arcs divisés par des nervures massives, et descendant en partie le long des murs gris et froids, rappelaient les sombres cloîtres du moyen âge. Et au milieu de cet environnement caractéristique était assis au sommet de son échelle un nain laid, avec un volume aux bords rouges sur ses genoux osseux, la tête à moitié enfouie dans un bonnet de fourrure grossière, de petits yeux gris, une large bouche déformée, des bosses sur le dos et les épaules, objet des plus peu engageants, l'esprit familier — le rat, comme le dirait Sperver — de ce dernier refuge de tout le savoir appartenant à la race princière du Nideck ...

Mais une importance véritablement historique appartenait à cette salle dans la longue série de portraits de famille, remplissant presque entièrement un côté de l'ancienne bibliothèque. Tous étaient là, hommes et femmes ; de Hugues le Loup à Yeri -Hans, l'actuel propriétaire ; depuis les premières ébauches des temps barbares jusqu'à l'œuvre parfaite des meilleurs peintres modernes.

Mon attention fut naturellement attirée dans cette direction.

Hugh I., un personnage chauve, semblait vous regarder comme un loup qui vous attaque au coin d'un bois. Ses yeux gris injectés de sang, sa barbe rousse et ses grandes oreilles velues lui donnaient un aspect craintif et féroce.

A côté de lui, comme l'agneau à côté du loup, se trouvait le portrait d'une dame d'un jeune âge, avec de doux yeux bleus, les mains croisées sur la poitrine sur un livre de dévotions, et des tresses de longs cheveux blonds et soyeux encerclant son doux visage avec une glorieuse auréole dorée . Cette photo m'a frappé par sa merveilleuse ressemblance avec Odile de Nideck .

Je n'ai jamais rien vu de plus beau et de plus charmant que cette vieille peinture sur bois, assez raide certes dans ses contours, mais délicieusement rafraîchissante et naïve.

J'avais examiné attentivement ce tableau depuis quelques minutes, lorsqu'un autre portrait féminin, accroché à côté, détourna mon attention à contrecœur. C'était une femme du vrai type wisigoth, avec un front large et bas, des yeux jaunâtres, des pommettes saillantes, des cheveux roux et un nez crochu en bec d'aigle.

Cette femme devait être un excellent parti pour Hugh, pensai-je, et je commençai à réfléchir au costume, qui répondait parfaitement à l'énergie déployée dans la tête, car la main droite reposait sur une épée, et un pectoral de fer enfermait la silhouette.

J'aurais quelque peine à exprimer les pensées qui me traversèrent l'esprit en examinant ces trois portraits. Mon regard allait de l'un à l'autre avec une singulière curiosité.

Sperver , debout à la porte de la bibliothèque, avait attiré l'attention de Knapwurst avec un coup de sifflet aigu, qui fit jeter un coup d'œil dans sa direction, sans toutefois réussir à le faire descendre de son élévation.

"C'est moi que tu siffles comme un chien ?" dit le nain.

"Je le suis, espèce de vermine ! C'est un honneur que vous ne méritez pas."

" Écoutez-moi, Sperver , " répondit le petit homme avec un mépris sublime ; "tu ne peux pas cracher aussi haut que ma chaussure !" qu'il tendit avec mépris.

« Et si je venais ?

"Si vous montez une seule marche, je vous écraserai avec ce volume !"

Gideon rit et répondit :

" Ne vous fâchez pas, mon ami ; je ne veux pas vous faire de mal ; au contraire, je vous respecte beaucoup pour votre savoir ; mais ce que je veux savoir, c'est ce que vous faites ici si tôt le matin, à la lueur d'une lampe ? On dirait que vous avez passé la nuit ici.

— C'est vrai ; j'ai lu toute la nuit.

"Les journées ne sont-elles pas assez longues pour que tu puisses lire ?"

"Non, je suis une enquête importante, et je n'ai pas l'intention de dormir avant d'être satisfait."

"En effet ; et quelle peut être cette question très importante ?"

« Je dois vérifier dans quelles circonstances Louis de Nideck a découvert mon ancêtre Otto le Nain dans les forêts de Thuringe. Vous savez, Sperver , que mon ancêtre Otto n'avait qu'une coudée de haut, c'est-à-dire un pied et demi. Il ravit le monde par sa sagesse, et fit une figure honorable au couronnement du duc Rodolphe . Le comte Ludwig le fit enfermer dans un paon rôti à froid, servi dans tout son plumage. C'était alors un des plus grands délices, servi garni tout autour de cochons de lait dorés et argentés. Pendant le banquet, Otto ne cessait d'étendre la queue du paon, et tous les seigneurs, courtisans et dames de haute naissance étaient étonnés et ravis de ce merveilleux mécanisme. Enfin, il sortit " Vive le duc Rudolphe ! " et le cri fut répété avec acclamations par toute la table. Bernard Herzog fait mention de cet événement, mais il a négligé de nous dire d'où venait ce nain. de savoir s'il était d'une haute lignée ou d'une basse extraction, ce qui est cependant très improbable, car les gens inférieurs n'ont pas autant de sens que cela.

J'étais étonné de tant de fierté chez un être si petit, mais ma curiosité m'empêchait de trop montrer mes sentiments, car lui seul pouvait me fournir des renseignements sur les portraits qui accompagnaient celui de Hugh Lupus.

« Monsieur Knapwurst , commençai-je très respectueusement, me feriez-vous plaisir en m'éclairant sur certains doutes historiques ?

" Parlez, monsieur, sans aucune contrainte ; au sujet de l'histoire familiale et des chroniques, je suis entièrement à votre service. Les autres matières ne m'intéressent pas. "

"Je désire connaître quelques détails sur les deux portraits de chaque côté du fondateur de cette race."

« Aha ! » s'écria Knapwurst avec une lueur de satisfaction illuminant ses traits hideux ; "tu veux dire Hedwige et Huldine , les deux épouses de Hugh Lupus."

Et baissant son volume, il descendit de son échelle pour parler plus à son aise. Ses yeux brillaient et le plaisir d'une vanité satisfaite rayonnait alors qu'il déployait sa vaste érudition.

Lorsqu'il fut arrivé à mes côtés , il me salua avec une gravité cérémonieuse. Sperver se tenait derrière nous, très satisfait que j'admire le nain du Nideck . Malgré la malchance qui, à son avis, accompagnait l'apparition du petit monstre, il respectait et se vantait de son savoir supérieur.

"Monsieur," dit Knapwurst en montrant de sa main jaune les portraits, "Hugues de Nideck , le premier de son illustre race, épousa, en 832, Hedwige de Lutzelbourg , qui lui apporta en dot les comtés de Giromani et du Haut Barr., les châteaux de Geroldseck , de Teufelshorn et d'autres. Hugues Lupus n'eut pas de descendance de sa première femme, décédée jeune, en l'an de grâce 837. Alors Hugues, devenu seigneur et propriétaire de la dot, refusa d'y renoncer. , et il y eut de terribles batailles entre lui et ses beaux-frères. Mais sa seconde épouse, Huldine , que vous voyez là dans un plastron d'acier, l'aida par ses sages conseils. On ne sait d'où ni de quelle famille elle est venue, mais elle sauva pour autant la vie d'Hugues, fait prisonnier par Frantz de Lutzelbourg ... Il devait être pendu le jour même, et un gibet était déjà dressé sur les remparts, quand Huldine , à la tête de l'armée de son mari, des vassaux, qu'elle avait armés et inspirés de son propre courage, firent irruption courageusement, relâchèrent Hugues et pendirent Frantz à sa place. Hugh avait épousé sa femme en 842 et avait eu trois enfants d'elle.

"Alors, repris-je pensivement, la première de ces épouses s'appelait Hedwige , et les descendants de Nideck n'ont aucun lien de parenté avec elle ?"

"Pas du tout."

"Es-tu bien sûr ?"

"Je peux vous montrer notre arbre généalogique ; Hedwige n'a pas eu d'enfants ; Huldine , la seconde épouse, en a eu trois."

"Cela me surprend."

"Pourquoi?"

"Je pensais avoir trouvé une ressemblance."

"Oh ! ressemblance ! C'est nul !" s'écria Knapwurst avec un rire discordant. "Voyez... regardez cette tabatière en bois ; vous y voyez un portrait de mon arrière-grand-père, Hanswurst . Son nez est aussi long et aussi pointu qu'un extincteur, et ses mâchoires ressemblent à des casse-noix. Comment cela affecte-t-il son être le grand-père de moi, d'un homme aux traits fins et à la bouche agréable ?

"Oh non, bien sûr que non."

"Eh bien, il en est ainsi des Nideck . Ils peuvent être certains d'entre eux comme Hedwige , mais Huldine est néanmoins la tête de leur ascendance. Voyez l'arbre généalogique. Maintenant, monsieur, êtes-vous satisfait ?"

Puis nous nous sommes séparés, Knapwurst et moi, d'excellents amis.

---

# CHAPITRE V.

"Néanmoins, pensai-je, il y a une ressemblance. Ce n'est pas le hasard. Qu'est-ce que le hasard ? Cela n'existe pas ; parler de hasard est absurde. Ce doit être quelque chose de plus élevé !"

Je suivais mon ami Sperver , plongé dans ses pensées, qui avait repris sa marche dans le couloir. Le portrait d' Hedwige , dans toute sa simplicité naïve, se mêlait dans mon esprit au visage d'Odile.

Tout à coup, Gédéon s'arrêta, et, levant les yeux, je vis que nous étions devant la porte du comte.

« Entrez, Fritz, dit-il, et je donnerai à manger aux chiens. Quand le maître sera absent, les domestiques négligent leur devoir ; je viendrai vous chercher tout à l'heure.

J'entrai, plus désireux de voir la jeune dame que le comte son père ; Je me reprochais ma négligence, mais il n'y a pas de contrôle sur ses intérêts et ses affections. Je fus très surpris d'apercevoir dans la pénombre de l'alcôve la silhouette allongée du comte, appuyé sur son coude et m'observant avec une profonde attention. J'étais si peu préparé à cet examen que j'étais plutôt dépossédé de toute maîtrise de moi-même.

« Approchez-vous, monsieur le docteur », dit-il d'une voix faible mais ferme en lui tendant la main. " Mon fidèle Sperver m'a souvent mentionné votre nom ; et j'avais hâte de faire votre connaissance. "

" Espérons, monseigneur, qu'elle se poursuivra dans des circonstances plus favorables . Un peu de patience, et nous éviterons cette attaque. "

"Je ne pense pas", a-t-il répondu. "Je sens que mon heure approche."

"Vous vous trompez, monseigneur."

"Non; la nature nous accorde, comme dernière faveur , de pressentir notre fin prochaine."

"Combien de fois j'ai vu de pareils pressentiments falsifiés !" Dis-je avec un sourire.

Il me fixa avec un regard scrutateur, comme c'est l'habitude avec les patients exprimant leur inquiétude quant à leurs perspectives. C'est un moment difficile pour le médecin. La force morale de son patient dépend de l'expression de la fermeté de ses convictions ; l'œil du malade pénètre au plus profond de sa conscience ; s'il croit pouvoir découvrir la moindre allusion ou nuance de doute, son sort est scellé ; la dépression s'installe ; les ressorts secrets qui maintiennent l'élasticité de l'esprit cèdent, et le désordre fait son chemin.

Je réussis mon examen avec fermeté et succès, et le comte parut reprendre confiance ; il me serra de nouveau la main et se résigna avec calme et confiance à mon traitement.

Ce n'est qu'alors que j'aperçus mademoiselle Odile et une vieille dame, sans doute sa gouvernante, assises à son chevet, à l'autre bout de l'alcôve.

Ils me saluèrent en silence, et soudain le tableau de la bibliothèque réapparut devant moi.

"C'est elle," dis-je, "la première femme de Hugh. Il y a le front blond et noble, il y a les longs cils et ce sourire triste et insondable. Oh, combien de passé est caché dans le sourire d'une femme ! Ne cherchez pas, puis, pour une joie et un plaisir sans mélange ! Son sourire ne sert qu'à voiler des chagrins indicibles, des inquiétudes pour l'avenir, des soucis même déchirants. La servante, l'épouse, la mère sourient et sourient, même lorsque le cœur se brise et que l'abîme s'ouvre. " Ô femme ! c'est ta part dans la lutte mortelle de la vie humaine ! "

Je poursuivais ces réflexions lorsque le seigneur du Nideck commença à parler :

"Si ma chère enfant Odile voulait bien consulter mes vœux , je crois que ma santé reviendrait."

Je regardai vers la jeune comtesse ; elle fixait les yeux sur le sol et semblait prier en silence.

" Oui, reprit le malade, je reviendrais alors à la vie ; la perspective de me voir entouré d'une jeune famille, de serrer sur mon cœur des petits-enfants et de voir la succession de ma maison me ranimerait. "

Au ton doux et doux de supplication avec lequel cela fut dit, je me sentis profondément ému de compassion ; mais la jeune dame ne répondit rien.

Au bout d'une minute ou deux, le comte, qui la surveillait de ses yeux vigilants, reprit :

"Odile, tu refuses de faire de ton père un homme heureux ? Je ne demande qu'un faible espoir. Je ne fixe pas de temps. Je ne limiterai pas ton choix. Nous irons au tribunal. Là tu auras cent occasions de te marier avec distinction et avec honneur . Qui ne serait pas fier de remporter la main de ma fille ? Vous serez parfaitement libre de décider par vous-même.

Il fit une pause.

Il n'y a rien de plus douloureux pour un étranger que ces querelles de famille. Il y a tellement d'intérêts contradictoires, tant de motivations privées à l'œuvre, que la simple modestie devrait nous faire un devoir de nous mettre hors de portée de telles discussions. J'étais peiné et j'aurais volontiers pris ma retraite. Mais les circonstances de l'affaire l'interdisaient.

" Mon cher père, dit Odile comme pour éviter toute discussion, tu iras mieux. Le ciel ne t'enlèvera pas à ceux qui t'aiment. Si tu savais avec quelle ferveur je prie pour toi ! "

"Ce n'est pas une réponse", dit sèchement le comte. "Quelle objection pouvez-vous faire à ma proposition ? N'est-elle pas juste et naturelle ? Dois-je être privée des consolations accordées aux plus nécessiteux et aux plus misérables ? Vous savez que j'ai agi envers vous ouvertement et franchement."

"C'est vrai, mon père."

"Alors donne-moi la raison de ton refus."

"Ma résolution est prise : je me suis consacré à Dieu."

Tant de fermeté chez un être si fragile me faisait trembler. Elle se tenait comme la Madone sculptée dans la tour de Hugh, calme et immobile, même si son apparence était faible.

Les yeux du comte s'allumèrent d'un feu menaçant. J'essayai de faire comprendre par signes à la jeune comtesse avec quel plaisir je l'entendrais donner le moindre espoir et calmer sa passion naissante ; mais elle semblait ne pas me voir.

"Alors," s'écria-t-il d'une voix étouffée, comme s'il s'étranglait, "ainsi vous regarderez et verrez votre père périr ? Un mot le rendrait à la vie, et vous refusez de prononcer ce seul mot ?"

"La vie n'est pas entre les mains de l'homme, car elle est un don de Dieu ; ma parole ne peut servir de rien."

" Ce ne sont que de pieuses maximes, " répondit le comte avec mépris, " pour vous décharger de votre simple devoir. Mais Dieu n'a-t-il pas dit : " Honore ton père et ta mère ?

"Je vous honore ," répondit-elle doucement. "Mais c'est mon devoir de ne pas me marier."

Je pouvais entendre le grincement et le grincement des dents de l'homme. Il gisait apparemment calme, mais se tourna brusquement et cria :

« Laisse-moi ; ta vue m'offense ! »

Et s'adressant à moi alors que j'étais agité par des sentiments contradictoires :

« Docteur, s'écria-t-il avec un sourire sauvage, avez-vous chez vous un poison malin et violent à me donner, quelque chose qui me détruirait comme la foudre ? Ce serait une pitié de m'empoisonner comme un chien, plutôt que de me laisser souffrir. comme je le fais."

Ses traits se tordaient convulsivement, sa couleur devenait livide.

Odile se leva et s'avança vers la porte.

"Rester!" hurla-t-il furieusement, "reste jusqu'à ce que je t'aie maudit !"

Jusqu'à présent , j'étais resté sans parler, sans oser m'immiscer entre le père et la fille, mais maintenant je ne pouvais plus m'abstenir.

« Monseigneur, m'écriai-je, dans l'intérêt de votre santé, dans l'intérêt de la simple justice et de l'équité, calmez-vous ; votre vie est en jeu. »

"Qu'est-ce qui compte pour ma vie ? qu'est-ce qui compte pour l'avenir ? Y a-t-il ici un couteau pour m'en finir ? Laisse-moi mourir !"

Son excitation augmentait à chaque minute. Je semblais craindre qu'il ne saute du lit dans un moment de frénésie et ne détruise la vie de son enfant. Mais elle, calme quoique d'une pâleur mortelle, s'agenouilla devant la porte qui était ouverte, et dehors je vis Sperver , dont les traits trahissaient la plus profonde inquiétude. Il s'approcha sans bruit, et se penchant vers Odile :

"Oh, mademoiselle !" murmura-t-il, mademoiselle, le comte est un homme si digne et si bon. Si vous pouviez seulement dire : « Peut-être que bientôt nous verrons. »

Elle ne répondit rien et ne changea pas d'attitude.

A ce moment, je persuadai le seigneur du Nideck de prendre quelques gouttes de Laudanum ; il retomba en soupirant, et bientôt sa respiration haletante et irrégulière devint plus mesurée sous l'influence d'un sommeil profond et lourd.

Odile se leva, et sa vieille amie, qui n'avait pas ouvert les lèvres, sortit avec elle. Sperver et moi avons observé leurs silhouettes reculer lentement. Il y avait dans la démarche de la jeune comtesse une grandeur calme qui semblait exprimer la conscience d'un devoir accompli.

Lorsqu'elle eut disparu dans le long couloir, Gideon se tourna vers moi.

"Eh bien, Fritz," dit-il gravement, "quelle est votre opinion ?"

J'ai baissé la tête sans répondre. L'incroyable fermeté de cette fille m'a étonné et déconcerté.

---

# CHAPITRE VI.

de Sperver grandissait.

" Voilà le bonheur et la félicité des riches ! A quoi bon être maître du Nideck , avec ses châteaux, ses forêts, ses lacs et tous les meilleurs coins de la Forêt-Noire, quand une demoiselle à l'air innocent vient vous dire de son doux voix douce, "Est-ce que c'est votre volonté ? Eh bien, ce n'est pas la mienne. Dites-vous que je dois le faire ? Eh bien, je dis non, je ne le ferai pas." N'est-ce pas affreux ? Ne vaudrait-il pas mieux être fils de bûcheron et vivre tranquillement du salaire de sa journée de travail ? Allez, Fritz, partons. J'étouffe ici, j'ai envie d'aller au grand air. "

Et le brave garçon, me saisissant le bras, m'entraîna dans le couloir.

Il était maintenant environ neuf heures. Le ciel était beau quand nous nous levions, mais maintenant les nuages recouvraient de nouveau la terre morne, le vent du nord soulevait la neige en tourbillons fantomatiques contre les vitres, et je distinguais à peine les sommets des montagnes voisines .

Nous descendions l'escalier qui menait au hall, quand, au détour du couloir, nous nous trouvâmes face à face avec Tobias Offenloch , le digne majordome, dans un grand état de palpitations.

"Bonjour!" s'écria-t-il en fermant notre passage avec son bâton à travers le passage ; "Où vas-tu si pressé ? Et notre petit-déjeuner ?"

« Petit-déjeuner ! De quel petit-déjeuner parlez-vous ? demanda Sperver .

"Que voulez-vous dire par faire semblant d'oublier quel petit-déjeuner ? N'est-ce pas vous et moi qui prendrons le petit-déjeuner ce matin même avec le docteur Fritz ?"

"Aha ! C'est ce que nous sommes ! J'avais tout oublié."

Et Offenloch éclata d'un grand rire qui divisa son visage joyeux jusqu'aux oreilles.

" Ha, ha ! c'est loin d'être une plaisanterie. Et j'avais peur d'arriver trop tard ! Allons, partons. Kasper attend à l'étage. Je lui ai ordonné de mettre le petit déjeuner dans ta chambre ; j'ai pensé que nous devrions être plus à l'aise là-bas. Au revoir pour le moment, docteur.

"Tu ne viens pas avec nous ?" demanda Sperver .

"Non, je vais dire à la comtesse que le baron de Zimmer- Bluderich demande l' honneur de la remercier en personne avant de quitter le château."

« Le baron de Zimmer ?

"Oui, cet inconnu qui est venu hier au milieu de la nuit."

"Eh bien, il faut se dépêcher."

"Oui, je ne serai pas long. Avant que vous ayez fini de déboucher les bouteilles , je serai de nouveau avec vous."

Et il s'éloigna aussi vite qu'il le pouvait.

La mention du petit-déjeuner avait donné une tournure différente aux pensées de Sperver .

« Exactement, » observa-t-il en se retournant ; " Le meilleur moyen de noyer tous vos soucis est de boire un verre de bon vin. Je suis bien heureux que nous allions déjeuner dans ma chambre. Sous les grandes voûtes de l'école d'escrime, assis autour d'une petite table, on se sent comme des souris qui grignotent une noix dans le coin d'une grande église. Nous y sommes, Fritz. Écoute le vent siffler à travers les meurtrières. Dans une demi-heure, il y aura un orage.

Il poussa la porte ; et Kasper, qui ne faisait que tambouriner avec ses doigts sur les vitres, parut très heureux de nous voir. Ce petit homme avait des cheveux blonds et un nez retroussé. Sperver en avait fait son factotum ; c'était lui qui démontait et nettoyait ses fusils, réparait le harnais des chevaux de selle, nourrissait les chiens en son absence et surveillait en cuisine la préparation de ses plats favoris . Dans les grandes occasions, il était cavalier. Il se tenait maintenant debout, une serviette sur le bras, et débouchait gravement la bouteille de Rhenish au long goulot.

" Kasper, " dit son maître, aussitôt qu'il eut constaté cet état de choses satisfaisant, " Kasper, j'ai été très content de toi hier ; tout était excellent : le chevreau rôti, le poulet et le poisson. J'aime le beau -jouer, et quand un homme a fait son devoir , j'aime à le lui dire. Aujourd'hui, je suis tout aussi satisfait. La tête de sanglier est excellente avec sa sauce au vin blanc, la soupe aux écrevisses aussi . N'est-ce pas ton avis aussi, Fritz ?

J'ai accepté.

"Eh bien," dit Sperver , "puisqu'il en est ainsi, vous aurez l' honneur de remplir nos verres. Je veux vous élever pas à pas, car vous êtes un garçon très méritant."

Kasper baissa les yeux timidement et rougit ; il semblait apprécier les louanges de son maître.

Nous prenons place, et je m'interroge sur cet ancien braconnier, qui autrefois se contentait de cuisiner ses pommes de terre dans sa chaumière, prenant désormais tous les airs d'un grand seigneur. S'il était né seigneur du Nideck, il n'aurait pu adopter à table une attitude plus noble et plus digne. Un simple regard amène Kasper à ses côtés, lui fait apporter telle ou telle bouteille, ou apporter le plat dont il a besoin.

Nous allions attaquer la tête du sanglier, lorsque maître Tobias apparut en personne, suivi de non moins d'un personnage que le baron de Zimmer-Bluderich , accompagné de son palefrenier.

Nous nous levâmes de nos sièges. Le jeune baron s'avança à notre rencontre la tête découverte. C'était une tête d'apparence noble, pâle et hautaine, entourée de fins cheveux noirs. Il s'arrêta devant Sperver .

« Monsieur, dit-il avec ce pur accent saxon qu'aucun autre dialecte ne peut approcher, je viens vous demander des renseignements sur cette localité. Madame la comtesse de Nideck me dit que personne ne connaît aussi bien ces montagnes que vous. "

"C'est bien vrai, Monseigneur , et je suis tout à fait à votre service."

— Des circonstances d'une grande urgence m'obligent à partir en pleine tempête, répondit le baron en désignant les vitres épaisses couvertes de flocons de neige. « Il faut que j'atteigne Wald Horn, à six lieues d'ici !

"Ce sera une affaire difficile, monseigneur, car toutes les routes sont bloquées par la neige."

"J'en suis conscient, mais nécessité oblige."

" Il vous faut donc un guide. J'irai, si vous me le permettez, chez Sébalt Kraft, le chef chasseur du Nideck . Il connaît les montagnes presque aussi bien que moi. "

"Je vous suis très reconnaissant pour vos aimables offres, et je vous en suis très reconnaissant, mais je ne peux toujours pas les accepter. Vos instructions seront tout à fait suffisantes."

Sperver s'inclina, puis s'avançant vers une fenêtre, il l'ouvrit toute grande. Un violent coup de vent s'engouffra, chassant la neige tourbillonnante jusqu'au couloir, et claqua la porte avec fracas.

Je restai près de ma chaise, m'appuyant sur son dossier. Kasper se faufila dans un coin. Sperver et le baron, accompagnés de son palefrenier, se tenaient à la fenêtre ouverte.

"Messieurs," dit Sperver d'une voix forte pour se faire entendre au-dessus des vents hurlants, et le bras tendu, "vous voyez le pays tracé devant vous. Si le temps était beau, je vous emmènerais dans la tour, et alors nous pourrions voir toute la Forêt-Noire à nos pieds, mais cela ne sert à rien maintenant. Ici vous pouvez voir le sommet de l' Altenberg . Plus loin, derrière cette crête blanche, vous pouvez voir le Wald Horn, battu par une furieuse tempête. Vous Il faut se diriger tout droit vers le Wald Horn. Du sommet du rocher, qui semble formé en mitre , et qui s'appelle Roche Fendue , vous verrez trois sommets, le Behrenkopp , le Geierstein et le Trielfels . C'est par ce dernier C'est à droite qu'il faut avancer. Il y a un torrent qui traverse la vallée du Rhéthal , mais il doit être gelé maintenant. De toute façon, si vous ne pouvez pas aller plus loin, vous trouverez sur votre gauche, en suivant la berge, un caverne à mi-hauteur de la colline, appelée Roche Creuse ... Vous pourrez y passer la nuit, et demain très probablement, si le vent tombe, vous verrez devant vous le Wald Horn. Si vous avez la chance de rencontrer un charbonnier, il vous indiquera peut-être où se trouve un gué au-dessus du ruisseau ; mais je doute qu'on en trouve un quelque part un jour comme celui-ci. Il n'y en a aucun de notre quartier . Faites seulement attention à contourner le pied du Behrenkopp , car vous ne pourriez pas descendre de l'autre côté. C'est un précipice."

Pendant ces observations, j'observais Sperver , dont la voix claire et énergique indiquait avec la plus grande précision les différents points de la route, et j'observais aussi le jeune baron, qui écoutait avec la plus grande attention. Aucun obstacle ne semblait l'alarmer. Le vieux palefrenier ne semblait pas moins attaché à l'entreprise.

Au moment où ils quittaient la fenêtre, une lumière momentanée perça les nuages gris de neige, un de ces instants où le vent tourbillonnant s'empare des nuages de neige qui tombent et les rejette comme des vêtements blancs flottants. Puis, pendant un instant, il y eut un aperçu de la distance. Les trois sommets se détachaient derrière l' Altenberg . La description que Sperver avait donnée des objets invisibles devint visible pendant quelques instants ; puis l'air fut à nouveau voilé par des nuages fantomatiques de neige volante.

"Merci", dit le baron. "Maintenant, j'ai compris le but que je voulais faire valoir ; et, grâce à vos explications, j'espère y parvenir."

Sperver s'inclina sans répondre. Le jeune homme et son domestique, après nous avoir salués, se retirèrent lentement et gravement.

Gédéon ferma la fenêtre et, s'adressant à maître Tobias et à moi, dit :

"Il faut que l'homme ait du mal à partir par un temps aussi horrible. Je pourrais difficilement me débarrasser d'un loup un jour comme celui-ci. Cependant, c'est leur affaire, pas la mienne. Il me semble me souvenir du visage de ce jeune homme. , et celui de son domestique aussi. Maintenant buvons ! Maître Tobie, votre santé !

J'étais allé à la fenêtre, et comme le baron Zimmer et son palefrenier montaient à cheval au milieu de la cour, malgré la neige qui remplissait l'air, j'aperçus à gauche dans une tourelle percée de longues fenêtres gothiques. , le visage pâle d'Odile se tourna longuement et anxieusement vers le jeune homme.

"Bonjour, Fritz ! qu'est-ce que tu fais ?"

"Je ne regarde que les chevaux de ces étrangers."

"Oh, les Valaques ! Je les ai vus ce matin dans l'écurie. Ce sont de magnifiques animaux."

Les cavaliers s'éloignèrent à toute vitesse, et le rideau de la fenêtre de la tourelle tomba.

# CHAPITRE VII.

Plusieurs jours sans incident ont suivi. Ma vie au Nideck devenait ennuyeuse et monotone. Chaque matin, on entendait le clairon lugubre du chasseur, dont l'occupation avait disparu ; puis vint une visite au comte ; après ce petit déjeuner, avec les interminables spéculations de Sperver sur la peste noire, les bavardages et les bavardages incessants de Marie Lagoutte , de maître Tobias et de toute cette bande de serviteurs oisifs, qui n'avaient qu'à manger et à boire, à fumer et à dormir. Le seul homme qui ait eu une sorte d'existence individuelle était Knapwurst , qui restait toute la journée enfoui jusqu'au bout de son nez rouge dans de vieilles chroniques, insouciant du froid tant qu'il restait quelque chose à découvrir dans ses curieuses recherches. .

On imagine facilement ma lassitude face à tout cela. Dix fois Sperver m'avait pris en charge les écuries et les chenils ; les chiens commençaient à me connaître. Je connaissais par cœur toutes les grossières plaisanteries du majordome sur ses bouteilles et les invariables réponses de Marie Lagoutte . La mélancolie de Sébalt m'envahissait ; J'aurais volontiers sonné un peu dans son cor pour dire aux montagnes mon *ennui* , et mes yeux étaient sans cesse tournés vers Fribourg.

Cependant le désordre de Yeri -Hans, seigneur de Nideck , suivait son cours habituel, et cela donnait à ma seule occupation un intérêt sérieux. Tous les détails que Sperver m'avait fait connaître me paraissaient clairement ; parfois le comte, réveillé en sursaut, se levait à demi, et, appuyé sur son coude, le cou tendu et les yeux hagards, marmonnait : « Elle vient, elle vient !

Alors Gideon secouait la tête et montait à la tour de signalisation, mais ni à droite ni à gauche, la peste noire ne pouvait être découverte.

Après une longue réflexion sur cette étrange maladie , j'étais arrivé à la conclusion que le malade était fou. L'étrange influence que la vieille sorcière exerçait sur lui, ses phases alternées de folie et de lucidité, tout cela me confirmait dans cette opinion.

Les médecins qui ont accordé une attention particulière au sujet des aberrations mentales sont bien conscients que la folie périodique n'est pas rare . Dans certains cas, la maladie apparaît plusieurs fois dans l'année, dans d'autres, à certaines saisons seulement. Je connais à Fribourg une vieille dame qui, depuis trente ans, se présente régulièrement à la porte de l'asile. À sa propre demande, ils la mettent en détention ; puis la malheureuse traverse chaque nuit les scènes terribles de la Révolution française, dont elle a été témoin dans sa jeunesse. Elle tremble entre les mains du bourreau ; elle se croit trempée du sang des victimes ; elle pleure et crie sans cesse. Au bout de quelques semaines, l'esprit retourne à sa place habituelle et elle retrouve sa liberté avec l'espoir de revenir dans un an.

« Le comte de Nideck souffre d'une attaque semblable, dis-je ; "Des chaînes inconnues unissent son destin à celui de la Peste Noire. Qui peut le dire ?" pensais-je; "Cette femme était autrefois jeune, peut-être belle !"

Et mon imagination, une fois lancée, m'emporta dans les régions intéressantes du roman ; mais j'avais soin de ne dire à personne ce que je pensais. Si j'avais exposé ces conjectures à Sperver , il ne m'aurait jamais pardonné d'imaginer qu'il pouvait y avoir une quelconque intimité entre son maître et la Peste Noire ; et quant à mademoiselle Odile, je n'osais lui suggérer la folie.

La pauvre jeune femme était visiblement très malheureuse. Son refus de se marier avait tellement aigri le compte contre elle qu'il pouvait à peine supporter de l'avoir en sa présence. Il lui reprochait amèrement son ingratitude et sa désobéissance, et s'étendait sur la cruauté des enfants ingrats. Parfois même de violentes injures suivaient les visites de sa fille. Les choses finirent par aller si mal que je me crus obligé d'intervenir. J'ai donc attendu un soir la comtesse dans l'antichambre et je l'ai suppliée de renoncer à son service personnel auprès de son père. Mais là, contre toute attente, surgit un obstacle tout à fait imprévu. Malgré toutes mes supplications, elle insista constamment pour veiller auprès de son père et le soigner comme elle l'avait fait jusqu'à présent.

"C'est mon devoir", répéta-t-elle, "et aucun argument ne pourra ébranler mon objectif", dit-elle fermement.

« Madame, répondis-je dans un dernier effort, le corps médical aussi a ses devoirs, et un homme honorable doit les remplir jusqu'à la dureté et la cruauté ; votre présence tue votre père.

Je me souviendrai toute ma vie du changement soudain dans l'expression du visage d'Odile.

Mes paroles solennelles d'avertissement semblaient faire refluer le sang vers le cœur ; son visage devint blanc comme du marbre, et ses grands yeux bleus, fixés sur les miens, semblaient lire dans les recoins les plus secrets de mon âme.

"Est-ce possible, monsieur ?" elle balbutia ; "sur votre honneur , déclarez-vous cela ? Dites-moi la vérité !"

"Oui, madame, sur mon honneur ."

Il y eut un long et douloureux silence, interrompu enfin par ces paroles à voix basse :

"Que la volonté de Dieu soit faite !"

Et les yeux baissés, elle se retira.

Le lendemain de cette scène, vers huit heures du matin, je faisais les cent pas dans la tour d'Hugues Lupus, pensant à la maladie du comte, dont je ne pouvais prédire l'issue — et je pensais aussi à mes patients de Fribourg, que Je risquais de perdre par une absence trop prolongée, quand trois coups discrets à ma porte détournèrent mes pensées.

"Entrez!"

La porte s'ouvrit et Marie Lagoutte entra, me faisant une basse révérence.

La visite de cette vieille dame m'a dérangé, et j'allais la supplier de différer sa visite, quand quelque chose de mystérieux dans sa physionomie a attiré mon attention. Elle avait jeté sur ses épaules un châle rouge et vert ; elle se mordait les lèvres, la tête baissée, et dès qu'elle eut refermé la porte, elle la rouvrit et jeta un coup d'œil dehors pour s'assurer que personne ne l'avait suivie.

"Qu'est-ce qu'elle me veut?" Je pensais; "Quel est le sens de toutes ces précautions ?"

Et j'étais assez perplexe.

« Monsieur le Docteur , dit la digne dame en s'avançant vers moi, je vous demande pardon de vous déranger si tôt le matin, mais j'ai une chose très sérieuse à vous dire.

"Je vous en prie, dites-moi tout cela, alors."

"C'est le comte."

"En effet!"

"Oui, monsieur ; vous savez que je me suis assis avec lui hier soir."

"Je sais. Je vous en prie, asseyez-vous."

Elle était assise devant moi dans un grand fauteuil, et je ne pus m'empêcher de remarquer le caractère énergique de sa tête, qui le soir de mon arrivée au château ne m'avait paru que grotesque.

" Docteur, reprit-elle après une courte pause et avec ses yeux noirs fixés sur moi, vous savez que je ne suis pas timide et que je ne m'effraye pas facilement. J'ai vu tant de choses affreuses au cours de ma vie que plus rien ne m'étonne maintenant. Quand vous avez vu Marengo, Austerlitz et Moscou, il ne reste plus rien qui puisse vous rebuter. »

"J'en suis sûr, madame."

" Je ne veux pas me vanter ; ce n'est pas pour cela que je vous dis cela ; mais c'est pour vous montrer que je ne suis pas un fou évadé, et que vous puissiez me croire quand je vous raconte ce que je dis avoir vu. "

Cela devenait intéressant.

" Eh bien, reprit la bonne femme, hier soir, entre neuf heures et dix heures, au moment où j'allais me coucher, Offenloch est entré et m'a dit : " Marie, tu devras veiller ce soir avec le comte. ' D' abord , je fus surprise. " Quoi ! Mademoiselle ne va-t-elle pas se redresser ? " — Non, mademoiselle va mal, et il faudra que vous preniez sa place. Pauvre fille, elle est malade; je savais que ce serait fini, je le lui ai dit cent fois; mais c'est toujours ainsi. Les jeunes ne croient pas les plus âgés; et puis, c'est son Père . J'ai donc pris mon tricot, j'ai dit bonsoir à Tobias et je suis entré dans la chambre de Monseigneur . Sperver m'attendait là et je me suis couché ; j'étais donc là, tout seul.

Ici, la bonne femme s'arrêta un instant, prit une pincée de tabac et essaya de mettre de l'ordre dans ses pensées. J'ai écouté avec une attention impatiente ce qui allait arriver.

« Vers dix heures et demie, continua-t-elle, j'étais assise près du lit, et je tirais de temps en temps le rideau pour voir ce que faisait le comte ; il ne faisait aucun mouvement ; il dormait aussi tranquillement qu'un enfant. Tout allait bien jusqu'à onze heures, puis j'ai commencé à me sentir fatigué. Une vieille femme, monsieur, ne peut pas s'en empêcher, il faut qu'elle s'endorme malgré tout. Je ne pensais pas qu'il allait arriver quoi que ce soit, et j'ai me suis dit : "Il dormira sûrement jusqu'au jour." Vers midi, le vent tomba ; les grandes fenêtres claquaient, mais maintenant elles étaient silencieuses. Je me levai pour voir si quelque chose bougeait dehors. Tout était noir comme de l'encre ; alors je revins à mon fauteuil. Je J'ai regardé de nouveau le patient ; j'ai vu qu'il n'avait pas bougé d'un pouce, et j'ai repris mon tricot ; mais quelques minutes plus tard, j'ai commencé à hocher la tête, à hocher la tête, et je me suis endormi immédiatement. Je n'ai pas pu m'en empêcher, le fauteuil était si moelleux et la pièce si chaude, qui aurait pu l'aider ? Je dormais depuis une heure, je suppose, lorsqu'un violent courant de vent m'a réveillé. J'ai ouvert les yeux, et qu'en pensez-vous ? J'ai vu ? La haute fenêtre du milieu était grande ouverte, les rideaux étaient tirés, et là, dans l'ouverture, se tenait le comte en chemise de nuit blanche, juste sur le rebord de la fenêtre.

"Le décompte?"

"Oui."

"Non, c'est impossible ; il ne peut pas bouger !"

— C'est ce que j'ai pensé aussi ; mais c'est exactement ainsi que je l'ai vu. Il se tenait debout, une torche à la main ; la nuit était si noire et l'air si calme que la flamme se tenait toute droite.

Je regardais Marie-Anne avec étonnement.

« Tout d'abord, dit-elle après un moment de silence, de voir cet homme long et maigre debout, les jambes nues, je peux vous assurer que cela m'a fait un tel effet ! J'avais envie de crier ; mais ensuite j'ai pensé "Peut-être qu'il marche dans son sommeil ; si je crie, il se réveillera, il sautera à terre, et alors..." Je n'ai donc pas dit un mot, mais j'ai regardé et regardé jusqu'à ce que je le voie lever sa torche dans le champ. l'air au-dessus de sa tête, puis il l'abaissa, puis la releva et la redescendit, et il fit cela trois fois, comme un homme qui fait des signaux; puis il la jeta sur les remparts, ferma la fenêtre, tira les rideaux, passa devant moi sans parler, et je me suis couché en marmonnant des mots que je ne pouvais pas comprendre.

"Etes-vous sûre d'avoir vu tout ça, madame ?"

"Assez sûr."

"Eh bien, c'est étrange."

" Je le sais, mais c'est vrai. Ah ! ça m'a d'abord étonné, et puis quand je l'ai vu se recoucher et croiser les mains sur sa poitrine comme si de rien n'était, je me suis dit : " Marie-Anne, tu as fait un mauvais rêve, ça ne peut pas être vrai ; alors je suis allé à la fenêtre, et là j'ai vu la torche qui brûlait toujours ; elle était tombée dans un buisson près de la troisième porte, et là elle brillait comme une étincelle de feu. Il n'y avait aucun moyen de le nier.

Marie Lagoutte m'a regardé quelques instants sans parler.

" Vous pouvez être sûr, docteur, qu'après cela je n'ai plus dormi ; je restais assis à regarder et prêt à tout. A chaque instant il me semblait entendre quelque chose derrière le fauteuil. Je n'avais pas peur, ce n'était pas ça, mais J'étais inquiet et agité. Le matin venu, très tôt, j'ai couru et j'ai réveillé Offenloch et je l'ai envoyé chez le comte. En passant dans le couloir, j'ai remarqué qu'il n'y avait pas de torche dans le premier anneau, et je suis descendu et je l'ai trouvé près de l'étroit chemin vers le Schwartzwald; le voilà!"

Et la bonne femme tira de dessous son tablier le bout d'une torche qu'elle jeta sur la table.

J'étais confus.

Comment cet homme, que j'avais vu la veille, faible et épuisé, avait-il pu se lever, marcher, soulever et fermer cette lourde fenêtre ? Quelle était la signification de ce signal la nuit ? Il me sembla assister à cette scène étrange et mystérieuse, et ma pensée se tourna aussitôt vers la peste noire. Quand je m'éveillai de cette contemplation de mes propres pensées, je vis Marie Lagoutte se lever et se préparer à partir.

« Vous avez bien fait, lui dis-je en la reconduisant à la porte, de me raconter ces choses, et je vous en suis bien obligé. Avez-vous raconté cette aventure à quelqu'un d'autre ?

— Personne, monsieur ; ces choses-là ne doivent être racontées qu'au curé et au médecin.

"Viens, je vois que tu es une femme très sage et sensée."

Ces paroles furent échangées à la porte de ma tour. A ce moment, Sperver apparut au fond de la galerie, suivi de son ami Sébalt .

"Fritz!" il a crié : "J'ai des nouvelles à vous annoncer."

"Oh, viens!" pensai-je, " encore des nouvelles ! C'est une situation étrange. "

Marie Lagoutte avait disparu, et le chasseur et son ami entrèrent dans la tour.

---

# CHAPITRE VIII.

Sur le visage de Sperver il y avait une expression de colère contenue, sur celui de son compagnon une amère ironie. Ce digne chasseur, dont la triste physionomie m'avait frappé dès ma première arrivée au Nideck , était maigre et sec comme une latte. Sa veste de chasse était étroitement ceinte par sa ceinture à laquelle pendait un couteau de chasse à manche en corne ; de longues guêtres de cuir lui arrivaient au-dessus des genoux ; la corne passait de droite à gauche sur son épaule, l'ouverture largement élargie sous son bras ; sur sa tête un chapeau à larges bords, avec une plume de héron dans la boucle. Son profil, se terminant en pointe par une touffe rougeâtre, ressemblait à celui d'une chèvre.

"Oui," s'écria Sperver , "j'ai des choses étranges à vous dire."

Il se jeta sur une chaise, se saisissant la tête entre ses mains crispées, tandis que le triste Sébalt passa calmement sa corne par-dessus sa tête et la posa sur la table.

"Maintenant, Sébalt ," cria Gédéon, "parle."

"La sorcière traîne dans le château."

Cette nouvelle ne m'aurait pas intéressé avant de voir Marie Lagoutte , mais elle frappe maintenant avec plus de force. Il y avait certainement quelque lien mystérieux entre le seigneur du Nideck et cette vieille femme. Je ne savais rien de la nature de ce lien et je sentais que, à tout prix, je devais le connaître.

"Attendez un instant, mes amis", dis-je à Sperver et à son camarade. "Je veux savoir, tout d'abord, d'où vient ce Black Pest ?"

Sperver me regarda avec étonnement.

« Viens ? Qui peut dire ça ? »

"Très bien, vous ne pouvez pas. Mais quand arrive-t-elle en vue de Nideck ?"

"Comme je te l'ai dit, dix jours avant Noël, chaque année à la même heure."

"Et combien de temps reste-t-elle ?"

"Une quinzaine ou trois semaines."

" Est -ce qu'on l'a déjà vue avant ? Même pas en route ? Ni après ? "

"Non."

"Alors nous devrons l'attraper, la saisir", m'écriai-je. "C'est contre nature. Il faut découvrir d'où elle vient, ce qu'elle veut ici, ce qu'elle est."

« Tiens-la ! » s'écria Sperver ; "attrapez-la ! Le pensez-vous ?" et il secoua la tête. " Fritz, votre conseil est assez bon à sa manière, mais il est plus facile à dire qu'à faire. Je pourrais très facilement lui envoyer une balle après elle, presque à tout moment ; mais le comte ne consentira pas à cette mesure ; et quant à attraper autrement qu'à la poudre et à la balle, eh bien, vous feriez mieux d'y aller d'abord et d'attraper un écureuil par la queue ! Écoutez l'histoire de Sébalt , et vous jugerez par vous-même.

Le maître de la meute, assis sur la table, les longues jambes croisées, fixa sur moi ses yeux tristes et commença son récit.

" Ce matin, en descendant de l' Altenberg , j'ai suivi le chemin creux du Nideck . La neige l'a entièrement rempli. Je poursuivais mon chemin, sans penser à rien de particulier, lorsque j'ai aperçu une trace de piétons ; c'était au fond, et j'ai traversé la route. La personne avait descendu la berge et remonté de l'autre côté. Ce n'était pas une patte de lièvre molle, qui ne laisse guère d'empreinte, ce n'était pas fourchu comme une trace de sanglier, c'était pas comme un sabot fourchu, comme celui du loup - c'était un trou profond. Je m'arrêtai et me baissai, et déblayai la neige meuble qui tombait autour, et tombai sur la trace même de la Peste Noire !

"Tu es sûr que c'était ça ?"

" Bien sûr que oui. Je connais la vieille femme à son pied mieux qu'à sa taille, car j'y vais toujours, monsieur, les yeux baissés. Je connais tout le monde à leurs traces ; et quant à celle-ci, un enfant pourrait sachez le."

" Qu'est-ce qui distingue donc si particulièrement ce pied ? "

"Il est si petit qu'on pourrait le couvrir avec la main ; il est finement façonné, le talon est assez long, le contour est net, le gros orteil est près des autres orteils, et ils sont tous aussi fins que s'ils étaient en une pantoufle de dame. C'est un beau pied. Il y a vingt ans , j'aurais dû tomber amoureux d'un pied comme celui-là. Chaque fois que je le rencontre, il me fait un tel effet ! Personne ne croirait qu'un tel pied puisse appartenir à la peste noire. »

Et le pauvre garçon, joignant les mains, contemplait le sol de pierre avec des yeux tristes.

"Eh bien, Sébalt , et ensuite ?" demanda Sperver avec impatience.

" Ah oui, bien sûr ! Eh bien, j'ai reconnu cette trace et je me suis lancé à sa poursuite. J'espérais attraper la créature dans son antre, mais je vais vous raconter par quel chemin elle m'a emmené. J'ai remonté la berge par le bord de la route, à seulement deux coups de feu du Nideck . Je longe la colline en gardant à ma droite la piste qui longe le bois du Rhéthal . Tout d'un coup, il saute par-dessus le fossé dans le bois. Je m'y colle, mais, en regardant un peu à ma gauche, j'aperçus une autre trace qui avait suivi la peste noire. Je m'arrêtai net : était-ce celui de Sperver ? ou celui de Kasper Trumpf ? ou de qui ? J'y suis arrivé, et vous imaginez peut-être à quel point j'étais étonné. J'étais quand j'ai vu que ce n'était personne de chez nous ! Je connais tous les pieds du Schwartzwald, de Fribourg au Nideck . Ce pied ne ressemblait à aucun des nôtres. Il devait venir de loin. La botte, car c'était une sorte de Une botte d'homme bien faite, souple, avec des éperons qui laissent une petite empreinte derrière eux, la botte n'était pas ronde au bout, mais carrée, la semelle était fine et courbée à chaque pas, et elle n'avait pas de clous. La marche était rapide, et les pas courts étaient comme ceux d'un jeune homme de vingt à vingt-cinq ans. J'ai immédiatement remarqué les coutures du cuir latéral et je pense que je n'ai jamais vu aussi bien."

"Qui cela peut-il être ?" S'exclama Sperver .

Sébalt leva les épaules et tendit les mains, mais ne dit rien.

"Qui peut avoir quelque inconvénient à suivre la vieille femme ?" J'ai demandé à Sperver .

"Personne sur terre ne peut le dire", fut la réponse.

sommes donc restés assis quelques minutes à méditer sur ce que nous avions entendu.

Enfin il reprit son récit :

"J'ai continué à suivre la piste; elle remontait la crête suivante à travers la forêt de pins. Lorsqu'elle doublait autour de la Koche Fendue , je me suis dit : « Ah, maudite peste ! S'il y avait beaucoup de gibier de votre espèce, il n'y aurait pas beaucoup de sport ; il serait préférable de travailler comme un nègre ! Nous arrivons donc tous les trois – les deux traces et moi – au sommet du Schnéeberg . Là, le vent soufflait fort ; la neige arrivait jusqu'aux genoux, mais peu importe ! Je dois y aller ! J'arrive au bord du torrent du Steinbach, et là j'en perds la trace. Je m'arrêtai et je vis qu'après avoir essayé de monter et descendre dans plusieurs directions, les bottes de monsieur avaient descendu le Tiefenbach . C'était mauvais signe. J'ai regardé de l'autre côté du torrent, mais il n'y avait là aucune trace de trace, aucune ! La vieille sorcière avait pagayé le long du ruisseau pour dérouter quiconque tenterait de la suivre. Où devais-je aller ? À droite, ou à gauche, ou tout droit ? Ne le sachant pas, je suis revenu au Nideck ."

"Vous ne nous avez pas parlé de son petit-déjeuner", dit Sperver .

" Non, j'oubliais. Au pied de la Roche Fendue , j'ai vu qu'il y avait eu un incendie ; il y avait un endroit noir ; j'ai posé la main dessus, pensant qu'il pouvait faire chaud, ce qui aurait prouvé que la peste noire n'avait pas eu lieu. " Je suis allé loin ; mais il faisait froid comme la glace. Tout près, j'ai vu un piège en fil de fer dans les buissons. Il paraît que la créature sait piéger le gibier. Un lièvre avait été pris dedans ; l'empreinte de son corps était encore claire, couchée. à plat dans la neige. La sorcière avait allumé le feu pour le faire cuire ; elle avait pris un bon petit déjeuner, je serai lié.

Sperver s'écria alors avec indignation :

" Imaginez cette vieille sorcière qui vit de viande alors que tant d'honnêtes gens dans nos villages n'ont rien de mieux à manger que des pommes de terre ! C'est ça qui me chagrine, Fritz ! Ah ! si j'avais mais... "

Mais ses pensées restaient inexprimées ; il devint mortellement pâle, et nous tous trois, en un instant, restâmes rigides et immobiles, nous regardant avec horreur les visages horribles les uns des autres.

Un cri – le cri hurlant du loup dans les longues et froides journées d'hiver – le cri que personne ne peut imaginer qui n'a pas entendu le plus effrayant et le plus déchirant de tous les sons bestiaux – ce cri effrayant résonnait dans le château non loin de nous. ! Il montait l'escalier en colimaçon, remplissait le bâtiment massif comme si la bête sauvage et affamée était à notre porte !

Les voyageurs parlent du rugissement profond du lion troublant le silence de la nuit au milieu des déserts rocheux d'Afrique ; mais tandis que les régions tropicales, sensuelles et cuites, résonnent des vibrations de la voix puissante du monarque sauvage du désert, faisant trembler l'air avec le tonnerre lointain de son cri terrible, les vastes déserts enneigés du Nord ont aussi leur particularité. cri - un cri étrange et lamentable qui semble convenir au caractère de la morne scène hivernale. Cette voix du désert du Nord est le hurlement du loup !

L'instant après que ce bruit affreux eut brisé le silence, suivit un autre ensemble formidable de sons discordants - les aboiements et les cris de soixante chiens - répondant depuis les remparts du Nideck . Toute la meute donnait de la voix au même instant : le grave aboiement du limier, le cri aigu du braque, les jappements plaintifs des épagneuls et le hurlement mélancolique des dogue, tout cela se mêlait en confusion au cliquetis des chaînes de chien. , le tremblement des chenils sous les efforts des chiens pour se libérer ; et, dominant le tout, la note longue, lugubre et prolongée du hurlement monotone du loup ; c'était lui qui tenait le rôle principal dans cet horrible concert canin !

Sperver sauta de son siège et courut sur la plate-forme pour voir si un loup n'était pas tombé dans les douves. Mais non, les hurlements ne venaient ni d'aucun des deux. Puis se tournant vers nous, il s'écria :

"Fritz ! Sébalt !... viens, viens vite !"

Nous descendîmes les marches quatre à quatre et nous précipitâmes dans l'école d'escrime. Ici, nous entendions le cri du loup seul, prolongé sous les arches résonnantes, les aboiements et les cris lointains de la meute devenaient presque inaudibles au loin ; les chiens étaient enroués de rage et d'excitation, leurs chaînes s'enchevêtraient. Peut-être qu'ils s'étranglaient.

Sperver tira la lame acérée de son couteau de chasse. Sébalt fit de même ; ils m'ont précédé dans la galerie.

Puis les bruits effrayants sont devenus notre guide vers la chambre du malade. Sperver ne parlait plus ; il se précipita. Sébalt étendit ses longues jambes. J'ai senti un frisson d'horreur envahir tout mon corps – un horrible pressentiment de quelque chose de choquant et d'abominable nous a envahis.

En approchant des appartements du comte, nous rencontrâmes toute la maison à pied : les gardes-chasse, les chasseurs, les gardiens de chenil, les marmitons étaient tous mêlés et se bousculaient, se demandant :

"Qu'est-ce qu'il y a ? D'où viennent ces cris ?"

Sans nous arrêter, nous nous précipitâmes dans le couloir qui menait à la chambre du comte, où nous rencontrâmes la pauvre Marie Lagoutte , qui seule avait eu le courage d'y pénétrer avant nous. Elle tenait dans ses bras la jeune comtesse, qui s'était évanouie, la tête retombant, les cheveux flottant derrière elle ; elle l'emportait aussi vite qu'elle le pouvait.

Nous la dépassâmes si rapidement que nous eûmes à peine le temps d'assister à ce triste spectacle. Mais il est revenu depuis dans ma mémoire, et le visage pâle d'Odile couché sur les larges épaules du bon serviteur fait encore dans ma mémoire une vive impression, semblable au pauvre agneau présentant sa gorge au couteau sans se plaindre, mourant de peur. avant que le coup ne tombe.

Nous arrivâmes enfin à la chambre du comte .

Les hurlements venaient de derrière sa porte.

Nous nous regardâmes avec effroi sans chercher à nous expliquer le bruit hideux, ni à expliquer la présence d'un invité aussi sauvage dans la maison. En effet, nous n'avions pas le temps ; nos idées étaient dans une confusion terrible et totale.

Sperver poussa précipitamment la porte et, le couteau à la main, se précipita dans la pièce ; mais il resta arrêté sur le seuil, immobile comme une pierre.

Jamais je n'ai vu une image d'horreur telle qu'il nous l'a montré, debout, les yeux sortant de la tête, la bouche grande ouverte et à bout de souffle.

J'ai regardé par-dessus son épaule, et la vue qui s'est présentée à mes yeux a fait couler le sang comme de la neige dans mes veines.

Le seigneur du Nideck , accroupi à quatre pattes sur son lit, les bras penchés en avant, la tête basse, les yeux brillants de feux ardents, poussait de grands et longs hurlements !

C'était le loup !

Ce front bas et fuyant, ce visage pointu, cette barbe rusée qui hérissait les deux joues ; la longue silhouette maigre, les membres nerveux, le visage, le cri. L'attitude, déclarait la présence de la bête sauvage à moitié cachée, à moitié révélée sous un masque humain !

Parfois, il s'arrêtait une seconde et écoutait attentivement, la tête de travers, et alors les tentures pourpres tremblaient au frémissement de ses membres, comme des feuillages secoués par le vent ; alors le gémissement mélancolique s'ouvrait à nouveau.

Sperver , Sébalt et moi étions cloués au sol ; nous retenions notre souffle, pétrifiés par la peur.

Soudain, le décompte s'arrêta. Comme une bête sauvage flaire le vent, il releva la tête et écouta de nouveau.

Là, là, au loin, parmi les épaisses forêts de sapins blanchies par d'épaisses plaques de neige, un cri se fit entendre en réponse, faible d'abord ; puis le son montait et s'enflait dans un long hurlement prolongé , noyant les plus faibles efforts des chiens : c'était la louve répondant au loup !

Sperver , se retournant stupéfait, le visage pâle comme de la cendre, montra la montagne et murmura à voix basse :

« Écoute, voilà la sorcière !

Et le comte, toujours accroupi, immobile, mais la tête maintenant relevée dans l'attitude d'attention, le cou tendu, les yeux brûlants, semblait comprendre le sens de cette voix lointaine, perdue parmi les cols et les cimes du Schwartzwald, et un gentil une joie effrayante brillait sur ses traits sauvages.

A ce moment, Sperver , ne pouvant ou ne voulant plus se retenir, s'écria d'une voix brisée par l'émotion :

"Comte de Nideck , que fais-tu ?"

Le comte retomba foudroyé. Nous nous sommes précipités dans la pièce pour lui venir en aide. C'était l'heure. La troisième attaque avait commencé, et c'était terrible à voir !

---

# CHAPITRE IX.

Le seigneur du Nideck était mourant.

Que peut faire la science face au grand conflit mortel entre la mort et la vie ? A l'heure suprême, où les lutteurs invisibles se tordent corps à corps et membre contre membre, haletant, renversant et renversés tour à tour, à quoi sert l'art de guérir ? On ne peut que regarder, trembler et écouter !

Parfois la lutte semble suspendue : une trêve a sonné ; La vie s'est retirée dans son emprise. Elle se repose ; elle rassemble le courage du désespoir. Mais l'ennemi implacable frappe aux portes ; il fait irruption ; alors la Vie saute à la rescousse et se débat de nouveau avec son adversaire. Le conflit se renouvelle avec un nouveau carburant ajouté au feu de l'énergie mortelle à mesure que l'issue fatale se rapproche de plus en plus.

Et le patient épuisé, lui-même champ de bataille, baignant dans les sueurs froides de la mort, les yeux fermés et le bras impuissant, ne peut rien pour lui-même. Sa respiration, tantôt courte, brisée et pénible, tantôt longue, profonde, laborieuse et lourde, indique les différentes phases de cette lutte effroyable.

Les spectateurs se regardent les uns les autres et pensent : « Le jour viendra où nous serons à notre tour le champ du même conflit, et la Mort victorieuse nous emportera dans la tombe, sa tanière, comme l'araignée emporte le voler." Mais la vraie vie, la vie unique, l'âme, déployant ses ailes immortelles, accélérera son vol vers un autre monde, avec le cri d'exaltation : « J'ai combattu le bon combat. J'ai terminé ma course. J'ai gardé la foi ! " Et la Mort, déçue de sa proie, lèvera les yeux vers l'être émancipé, incapable de le suivre, et ne tenant dans ses griffes qu'un cadavre froid et décomposé, bientôt une poignée de poussière. "Ô mort, où est ton aiguillon ? Ô tombeau, où est ta victoire ?" Ô meilleure et unique consolation, l'espérance et la croyance au triomphe final de la justice, la certitude de la vie immortelle par Jésus-Christ le Sauveur ! Cruel est en effet celui qui voudrait priver l'homme de l'éclat et de la gloire de la vie !

Vers minuit, le comte de Nideck semblait presque parti ; l'agonie de la mort était proche ; le pouls brisé et affaibli indiquait l'effondrement des forces vitales ; alors, il pourrait revenir à un état plus actif ; mais il ne semblait y avoir aucun espoir.

Mon seul devoir était de rester et de voir mourir ce malheureux.

J'étais épuisé de fatigue et d'anxiété ; tout ce que l'art pouvait faire, j'avais essayé.

J'ai dit à Sperver de s'asseoir et de fermer les yeux de son maître dans la mort. Le pauvre fidèle était dans le plus grand désarroi ; il se reprochait son cri involontaire : « Comte de Nideck , que faites-vous ? et s'arracha les cheveux dans un amer repentir.

Je m'en allai seul à la tour de Hugh Lupus, n'ayant presque pas eu le temps de prendre de la nourriture, mais je n'en éprouvais pas le besoin.

Il y avait un feu vif dans l'âtre ; Je me jetai habillé sur le lit, et le sommeil vint bientôt soulager mon poids d'appréhension, ce sommeil lourd interrompu par la conscience qu'on peut à tout moment être réveillé par des larmes et des lamentations.

Je dormais ainsi, le visage tourné vers le feu, et comme cela arrive souvent, la flamme qui montait et descendait par intermittence jetait une lumière vacillante et vacillante comme celles des ailes rouges battant contre les murs, et fatiguait encore plus mes paupières tombantes.

Perdu dans un sommeil rêveur, j'ouvrais à moitié les yeux pour voir la cause de ces alternances de lumières et d'ombres, mais le spectacle le plus étrange m'a surpris.

Tout près du foyer, à peine révélé par la faible lueur de quelques braises mourantes, j'ai reconnu avec consternation le profil sombre de la Peste Noire !

Elle était assise sur un tabouret bas et, visiblement, elle se réchauffait.

D' abord, je me crus trompé par mes sens, ce qui eût été assez naturel après les scènes excitantes des derniers jours ; Je me levai sur mon coude, regardant avec des yeux commençant par la peur et l'horreur.

C'était bien elle ! Je restai horrifié, car elle était là, calme et immobile, les mains jointes sur ses genoux maigres, exactement comme je l'avais vue dans la neige, avec son long cou décharné tendu, son nez crochu, ses lèvres comprimées.

Comment la Peste Noire est-elle arrivée ici ? Comment avait-elle pu pénétrer dans cette haute tour qui couronnait de dangereux précipices ? Tout ce que Sperver m'avait dit sur cet être mystérieux semblait se réaliser ! Et maintenant, le comportement inexplicable de Lieverlé , grognant si violemment contre le mur, semblait clair comme le jour. Je me blottis tout près dans l'alcôve, osant à peine respirer, et fixant ce profil immobile comme une souris sortie de son trou fixe son regard paralysé sur le chat qui la guette.

La vieille femme ne bougeait pas plus que les piliers taillés dans le roc de chaque côté de la pierre du foyer, et ses lèvres marmonnaient des sons inarticulés.

Mon cœur palpitait, mes peurs augmentaient momentanément pendant le long silence, rendues encore plus surprenantes par la silhouette surnaturelle immobile qui était assise devant moi.

Cela durait un quart d'heure lorsque, le feu attrapant un éclat de bois de sapin, un éclair de lumière éclata, les copeaux se tordirent et s'enflammèrent, et quelques rayons de lumière jaillirent jusqu'au fond de la pièce.

Ce jet lumineux suffisait pour me montrer que la créature était vêtue d'une vieille robe de riche soie pourpre, rigide comme du carton, avec un motif violet ; il y avait un énorme bracelet à son poignet gauche et une flèche en or plantée dans ses épais cheveux gris torsadés à l'arrière de sa tête. C'était comme une apparition hors du temps .

Il se peut cependant que la Peste n'ait eu aucune intention hostile à mon égard, ou qu'elle ait facilement profité de mon sommeil pour les exécuter.

Cette pensée commençait à me donner un peu de confiance, quand tout à coup elle se leva de son siège et s'approcha à pas lents de mon lit, tenant à la main une torche qu'elle venait d'allumer. J'ai alors observé que ses yeux étaient fixes et hagards.

Je fis un effort pour me lever et crier à haute voix, mais pas un muscle de mon corps ne voulut obéir à mes vœux, pas un souffle ne vint à mes lèvres ; et la vieille femme, penchée sur moi entre les rideaux, fixait sur moi son regard de pierre avec un étrange sourire surnaturel. Je voulais appeler au secours, je voulais la chasser de moi, mais son regard pétrifiant semblait me fasciner et me paralyser , tout comme celui du serpent fixe le petit oiseau immobile devant lui.

Durant cette contemplation muette, les minutes semblaient des heures. Qu'allait-elle faire ? J'étais prêt pour n'importe quel événement.

Tout à coup, elle tourna la tête, se tourna sur ses talons, écouta, traversa la pièce à grands pas et ouvrit la porte.

Enfin je repris un peu de courage ; un effort de volonté me remit debout comme si j'étais actionné par un ressort ; Je me précipitai sur ses pas ; d'une main elle tenait sa torche en haut, et de l'autre elle tenait la porte ouverte.

J'allais la saisir par les cheveux, lorsqu'au fond de la longue galerie, sous l'arcade gothique du château qui mène aux remparts, j'aperçus une grande silhouette.

C'était le Comte de Nideck !

Le comte de Nideck , que j'avais cru mourant, vêtu d'une énorme peau de loup jetée avec la mâchoire supérieure dépassant sinistrement ses yeux comme une visière, les formidables griffes pendant sur chaque épaule et la queue traînant derrière lui le long du drapeaux.

Il portait de grosses chaussures lourdes, un fermoir d'argent enroulait la peau de loup autour de son cou, et tout son aspect, à l'exception de l'expression glaciale et mortelle de son visage, proclamait l'homme né pour commander : le maître !

En présence d'un personnage aussi imposant, mes idées devenaient vagues et confuses. La fuite n'était plus possible, et pourtant j'eus la présence d'esprit de me jeter dans l'embrasure de la fenêtre.

Le comte entra dans ma chambre, les yeux fixés sur la vieille femme et les traits non détendus. Ils se parlaient à voix basse, si bas que je ne distinguais pas un mot. Mais il n'y avait aucun doute sur leurs gestes. La femme montrait le lit.

Ils s'approchèrent de la cheminée sur la pointe des pieds. Là, dans l'ombre sombre du renfoncement à côté, la Peste Noire, avec un horrible sourire, déroulait un grand sac.

Dès que le comte aperçut le sac, il bondit vers le lit et s'agenouilla dessus avec un genou ; les rideaux tremblaient, son corps disparaissait sous leurs plis, et je ne voyais plus qu'une jambe posée encore sur le parquet, et la queue du loup ondulait irrégulièrement d'un côté à l'autre.

Ils semblaient commettre un meurtre dans une horrible pantomime. Aucune scène réelle, si effrayante soit-elle, n'aurait pu m'agiter plus que cette représentation muette d'un acte horrible.

Alors la vieille femme courut à son secours, portant le sac avec elle. De nouveau les rideaux tremblaient et les ombres traversaient les murs ; mais le plus horrible de tout, c'est que j'avais l'impression de voir une mare de sang ramper sur le sol et atteindre lentement l'âtre. Mais c'était seulement la neige qui s'était accrochée aux bottes du comte et qui fondait sous la chaleur.

Je regardais toujours ce ruisseau sombre, sentant ma langue sèche se coller au palais, quand il y eut un grand mouvement ; la vieille et le comte enfonçaient les draps du lit dans le sac, ils les enfonçaient et les piétinaient avec la même hâte qu'un chien gratte un trou, puis le seigneur de Nideck jeta ce paquet informe sur son épaule et fait pour la porte; un drap traînait derrière lui, et la vieille le suivait, la torche à la main. Ils traversèrent le terrain.

Mes genoux cédaient presque sous moi ; ils se sont frappés par peur. J'ai prié pour avoir de la force.

En quelques minutes , j'étais sur leurs traces, entraîné par une impulsion soudaine et irrésistible.

Je traversai la cour en courant, et j'allais franchir la porte de la tour, lorsque j'aperçus à mes pieds une fosse profonde mais étroite, où descendait un escalier tournant, et là, tout en bas, j'apercevais la torche décrivant une spirale. courez autour du rail de pierre comme une petite étoile ; enfin il se perdit au loin.

Maintenant, je descendais aussi les premières marches de cet escalier nouvellement découvert, me dirigeant vers cette lumière lointaine ; tout à coup, il a disparu. La vieille et le comte étaient arrivés au fond du précipice. Soutenu par le rail de pierre, j'ai continué ma descente, sûr de pouvoir remonter si je trouvais que ma progression s'arrêtait.

Bientôt, j'arrivai à la dernière marche ; Je regardai autour de moi et découvris à ma gauche un étroit rayon de lune qui brillait sous une porte basse, à travers les orties et les ronces ; Je me suis frayé un chemin à travers ces obstacles, déblayant la neige avec mes pieds, puis j'ai découvert que j'étais au pied même du donjon, la tour du donjon de Hugh.

Qui aurait cru qu'un tel trou mènerait au château ? Qui l'avait montré à la vieille femme ? Je ne suis pas resté pour me satisfaire sur ces points.

La vaste plaine s'étendait devant moi, baignée d'une lumière presque égale à celle du jour. A droite, s'étendait toute la ligne sombre de la Forêt-Noire, avec ses rochers escarpés, ses ravins, ses défilés s'étendant à perte de vue.

L'air nocturne était vif et vif, mais parfaitement calme, et je me sentais réveillé au plus haut degré, presque comme si mes sens étaient volatilisés par l'air calme et glacé.

Mon premier examen de l'horizon fut pour les figures du comte et de son étrange compagnon. Je distinguai bientôt leurs grandes formes sombres qui se détachaient nettement sur le ciel violet étoilé. J'ai failli les doubler au fond du ravin.

Le comte se déplaçait à pas mesurés, le suaire imaginaire traînant lentement après lui. Il y avait une précision automatique dans les mouvements des deux.

Je restais à six ou huit mètres derrière eux le long du chemin creux menant à l' Altenberg , tantôt à l'ombre, tantôt en pleine lumière, car la lune brillait d'un éclat étonnant. Quelques nuages flottaient négligemment au zénith, semblant vouloir la serrer dans leurs longs bras, mais elle échappait toujours à leur emprise, et ses rayons, aiguisés comme une lame d'acier, me transperçaient jusqu'à la moelle des os.

J'aurais pu souhaiter faire demi-tour, mais une puissance invisible me poussait à suivre en pantomime ce cortège funèbre. Aujourd'hui encore, j'ai l'impression de voir les sentiers de montagne accidentés à travers la Forêt-Noire, d'entendre la neige croustillante crépiter sous mes pieds et les feuilles mortes bruisser dans le léger vent du nord ; Je me vois suivre ces deux êtres silencieux, mais je n'arrive pas à comprendre quel pouvoir mystérieux m'a entraîné sur leurs traces.

Enfin nous atteignons la forêt et avançons parmi les grands hêtres aux branches nues ; les ombres sombres de leurs branches supérieures coupent les branches inférieures et tombent brisées sur la route encombrée de neige. Parfois, j'ai l'impression d'entendre des pas derrière moi ; Je me retourne brusquement, mais je ne vois personne.

Nous venions d'atteindre la longue crête rocheuse qui forme la crête de l' Altenberg ; derrière lui coule le torrent du Schnéeberg , mais en hiver aucun courant n'est visible ; à peine un simple fil de ses eaux bleues coule-t-il sous l'épaisse croûte de glace. Ici, la profonde solitude n'est brisée par aucun ruisseau murmurant, aucun chant d'oiseau, aucun tonnerre de cascade. Dans les vastes solitudes ininterrompues , le silence épouvantable est terrible.

Le comte de Nideck et la vieille trouvèrent une brèche dans le rocher, qu'ils gravirent droit avec une célérité merveilleuse , tandis que je dus me hisser à l'aide des buissons.

A peine eurent-ils atteint la crête des rochers, qui arrivait presque à un point, que j'étais à trois mètres d'eux, et j'apercevais au-delà d'un précipice épouvantable dont je ne pouvais pas voir le fond. A gauche pendait dans les airs comme un vaste drap la chute du Schnéeberg , masse de glace. Cette ressemblance avec une immense vague prenant le précipice d'un seul bond, portant des arbres sur sa poitrine, bordés de buissons, et enroulant de longues branches de lierre, qui présentent dans leurs délicats entrelacs la forme de la vague rigide et vitreuse ; cette simple apparence de mouvement au milieu du calme et de l'immobilité de la mort, et la présence de ces deux créatures muettes poursuivant leur horrible travail avec une précision automatique, ajoutaient à la terreur avec laquelle je tremblais déjà.

La nature elle-même semblait rétrécir d'horreur.

Le comte avait déposé son fardeau ; la vieille et lui le saisirent ensemble, le balancèrent un instant au bord du précipice, puis le long linceul flotta au-dessus de l'abîme, et les meurtriers imaginaires se penchèrent en silence pour le voir tomber.

Ce long drap blanc flottant dans les airs est toujours présent sous mes yeux. Il descend, il tombe comme un cygne sauvage abattu dans les nuages, déployant ses larges ailes, le long cou rejeté en arrière, tourbillonnant jusqu'à terre pour mourir.

Le fardeau blanc disparut dans les profondeurs obscures du précipice.

Enfin le nuage que j'avais vu depuis longtemps menacer de recouvrir le disque brillant de la lune la voila de ses plis bleu acier, et ses rayons cessèrent de briller .

La vieille femme, tenant le comte par la main et l'entraînant à pas précipités, apparut un instant.

Le nuage avait éclipsé la lune, et je ne pouvais pas m'écarter sans risquer de tomber dans le précipice.

Après quelques minutes, pendant lesquelles je me suis allongé le plus près possible, il y a eu une fissure dans le nuage. J'ai regardé à nouveau. Je me tenais seul sur la pointe du sommet, avec la neige jusqu'aux genoux.

Plein d'horreur et d'appréhension, je descendis de ma position périlleuse et courus au château avec autant de consternation que si j'avais été coupable de quelque grand crime.

Quant au seigneur du Nideck et à son compagnon, je les ai perdus de vue.

# CHAPITRE X.

J'errais autour du château du Nideck sans trouver la sortie d'où j'avais commencé mon mélancolique voyage.

Tant d'anxiété et de malaise commençaient à se manifester dans mon esprit ; J'ai avancé en chancelant, me demandant si je n'étais pas fou, incapable de croire en ce que j'avais vu, et pourtant alarmé par la clarté de mes propres perceptions.

Mon esprit, confus, passa en revue cet homme étrange agitant sa torche au-dessus de lui dans l'obscurité, hurlant comme un loup, passant en revue froidement et avec précision tous les détails d'un meurtre imaginaire sans omettre un seul détail ou circonstance horrible, puis s'enfuyant et s'engageant à le faire. le torrent furieux le secret de son crime ; tout cela me harcelait l'esprit, se précipitait confusément devant mes yeux et me donnait l'impression d'être en proie à un cauchemar.

Perdu dans la neige, je courais haletant et alarmé, incapable de savoir dans quelle direction diriger mes pas.

À mesure que le jour approchait, le froid devenait plus vif ; Je frissonnais, je maudissais Sperver de m'avoir amené de Fribourg pour participer à cette hideuse aventure.

Enfin, épuisé, la barbe comme un amas de glace, les oreilles presque gelées, je découvris le portail et sonnai de toutes mes forces.

Il était alors environ quatre heures du matin. La Knapwurst m'a fait attendre terriblement longtemps. Sa petite loge, taillée dans le roc, restait silencieuse ; Je pensais que le petit bossu n'aurait jamais fini de s'habiller ; car bien sûr, je supposais qu'il serait au lit et endormi.

J'ai encore sonné.

Cette fois, sa silhouette grotesque apparut brusquement, et il me cria depuis la porte avec fureur :

"Qui es-tu?"

— Moi ?... Docteur Fritz.

"Oh, cela change l'affaire", et il retourna dans sa loge chercher une lanterne, traversa la cour extérieure où la neige lui montait jusqu'au milieu, et me regardant à travers la grille, il s'écria :

"Je vous demande pardon, docteur Fritz ; je pensais que vous dormiez là-haut, dans la tour de Hugh Lupus. Est-ce que *vous* sonniez ? Cela explique pourquoi Sperver est venu me voir vers minuit pour me demander si quelqu'un était sorti. J'ai dit non, ce qui était c'est vrai, car je ne t'ai jamais vu sortir.

"Mais je vous en prie, monsieur Knapwurst , par pitié, laissez-moi entrer, et je vous raconterai tout cela tout à l'heure."

"Allez, venez, monsieur, un peu de patience."

Et le bossu, avec la plus lente délibération, dégrafa le cadenas et fit glisser les barreaux, tandis que mes dents claquaient et que je restais debout, frissonnant de la tête aux pieds.

" Vous avez très froid, docteur, " dit le petit homme, " et vous ne pouvez pas entrer dans le château. Sperver a fermé la porte intérieure, je ne sais pourquoi ; il ne le fait pas d'habitude ; la porte extérieure suffit. " Entrez ici et réchauffez-vous. Cependant, vous ne trouverez pas mon petit trou très accueillant. Ce n'est rien d'autre qu'un orgelet , mais quand un homme a aussi froid que vous, il n'est pas enclin à être particulier. "

Sans répondre à ses bavardages , je le suivis aussi vite que possible.

Nous entrâmes dans la cabane, et malgré mon état d'engourdissement complet, je ne pus m'empêcher d'admirer l'état de désordre pittoresque dans lequel je trouvai les lieux. Le toit d'ardoise appuyé contre le rocher, et appuyé par son autre côté sur un mur de six pieds de haut, montrait d'un bout à l'autre les chevrons enfumés et noircis.

L'édifice tout entier ne consistait qu'en un seul appartement, meublé d'un lit peu attrayant, que le nain ne prenait pas souvent la peine de faire, et de deux petites fenêtres aux carreaux hexagonaux, teintées par les intempéries des teintes arc-en-ciel de la nacre. Une grande table carrée occupait le milieu, et il serait difficile d'expliquer l'insertion de cette dalle de chêne massive à moins de supposer qu'elle était là avant la construction de la cabane.

Sur les étagères contre le mur se trouvaient des rouleaux de parchemin et de vieux livres, petits et grands. Grand ouvert sur la table gisait un beau volume en lettres noires, avec enluminures, relié en vélin, serré et coincé avec de l'argent, apparemment un recueil de vieilles chroniques. D'ailleurs, il n'y avait que deux fauteuils de cuir, portant sur eux l'impression indubitable de la silhouette difforme de ce savant gentleman.

Je n'ai besoin que de parler des stylos, du pot de tabac, de cinq ou six pipes qui traînent çà et là, et dans un coin un petit poêle en fonte, avec sa porte basse et grande ouverte, et qui s'éteint maintenant. puis une volée d'étincelles brillantes ; et pour compléter le tableau, le chat cambrait le dos et me crachait de manière menaçante avec sa patte armée levée.

Toute cette scène était teintée de cette lumière ambrée, profonde et riche, dont se plaisaient les vieux peintres flamands, et dont eux seuls possédaient le secret et ne le laissaient jamais aux générations suivantes.

" Alors vous êtes sorti hier soir, docteur ? " » demanda mon hôte, après que nous nous fussions installés tous deux, et pendant que j'avais les mains au chaud sur le poêle.

"Oui, assez tôt", répondis-je. "Je devais m'occuper d'un patient."

Cette brève explication parut satisfaire le petit bossu, et il alluma sa pipe en buis noirci qui pendait sur son menton.

"Vous ne fumez pas, docteur ?"

"Je vous demande pardon, c'est vrai."

"Eh bien, remplissez n'importe lequel de ces tuyaux. J'étais là", dit-il en étendant sa main jaune sur le volume ouvert. "Je lisais les chroniques de Hertzog quand tu es venu."

« Ah, ça explique le temps que j'ai dû attendre ! Bien sûr que tu es resté pour finir le chapitre ? Dis-je en souriant.

Il le possédait, souriant, et nous avons tous les deux ri ensemble.

"Mais si j'avais su que c'était toi," dit-il, "j'aurais dû terminer le chapitre une autre fois."

Il y eut un court silence pendant lequel j'observai la physionomie très particulière de cet être difforme, ces rides longues et profondes qui se creusaient dans sa bouche large, ses petits yeux avec des pattes d'oie aux coins extérieurs, ce nez contourné et bulbeux à l'extrémité. fin, et surtout son énorme front à deux étages. L'ensemble de la figure ne me rappelait pas peu les images reçues de Socrate, et tout en me réchauffant et en écoutant le crépitement du feu, je m'éloignais en contemplations sur les fortunes très diverses de l'humanité.

"Voici ce nain, pensai-je, caricature difforme et rabougrie, relégué dans un coin du Nideck , et vivant comme le grillon qui gazouille sous la pierre de l'âtre. Voici cette petite Knapwurst qui, en pleine excitation , , les grandes chasses, les vaillants cortèges de cavaliers qui vont et viennent, les aboiements des chiens, le piétinement des chevaux et les cris des chasseurs, vit tranquillement tout seul, plongé dans ses livres, et ne pensant qu'aux temps longs . passé, tandis que la joie ou le chagrin, les chants ou les larmes remplissent le monde autour de lui, tandis que le printemps et l'été, l'automne et l'hiver viennent regarder à travers ses fenêtres sombres, tour à tour éclairant, réchauffant et engourdissant le visage de la nature extérieure. Tandis que les hommes du monde extérieur sont soumis aux douces influences de l'amour, ou aux impulsions plus sévères de l'ambition ou de l'avarice, espérant, convoitant, désirant et désirant, ils n'espèrent, ne désirent, ni ne convoitent quoi que ce soit. sa pipe, les yeux rivés sur un parchemin moisi, il vit dans la jouissance des rêves, et il s'extasie sur des choses très anciennes, ou qui n'ont jamais existé ; tout cela ne fait qu'un pour lui. "Hertzog dit ceci et cela, quelqu'un d'autre raconte l'histoire d'une manière différente", et il est parfaitement heureux ! Son visage coriace devient de plus en plus profondément ridé, son dos anguleux et cassé se plie en angles et en coins plus nets, ses coudes pointus se creusent des lits dans la table en chêne, ses doigts maigres s'enfouissent dans ses joues, ses yeux gris cochons deviennent plus rouges sur les manuscrits. , latin, grec ou médiéval. Il s'extasie, il fait claquer ses lèvres, il se lèche les babines comme un chat sur un plat délicat, puis il se jette sur cette litière sale, les genoux jusqu'au menton, et il croit avoir passé une journée délicieuse ! Oh, Providence de Dieu, le devoir d'un homme est-il mieux accompli, ses responsabilités sont-elles mieux remplies, au sommet ou au bas de l'échelle de la vie humaine ?

Mais la neige fondait de mes jambes, la douce chaleur du poêle exerçait une agréable influence sur mes sentiments, et je me sentais revivre dans cette atmosphère mêlée de fumée de tabac et de pin brûlant.

Knapwurst posa gravement sa pipe sur la table et, étendant respectueusement la main sur le feuillet, dit d'une voix qui semblait sortir du fond de sa conscience : ou, si vous préférez, du fond d'un fût de vingt gallons...

"Docteur Fritz, voici la loi et les prophètes !"

"Comment ça ? Que veux-tu dire ?"

« Le parchemin, le vieux parchemin, voilà ce que j'aime ! Ces vieilles feuilles jaunes, rouillées, vermoulues, c'est tout ce qui nous reste du passé, depuis Charlemagne jusqu'à nos jours. Les plus vieilles familles disparaissent, les vieux parchemins Où serait la gloire des Hohenstauffen , des Leiningen , des Nideck et de tant d'autres familles renommées ? Où serait la renommée de leurs titres, de leurs faits d'armes, de leurs magnifiques armures , de leurs expéditions en Terre Sainte ? , leurs alliances, leurs prétentions à une antiquité lointaine, leurs conquêtes autrefois achevées, maintenant annulées depuis longtemps ? Où seraient toutes ces grandes prétentions à la renommée historique sans ces parchemins ? Nulle part du tout. Ces hauts et puissants barons, ces grands ducs et princes, " Ce serait comme s'ils n'avaient jamais été - eux et tout ce qui les concernait de loin et de près. Leurs châteaux forts, leurs palais, leurs forteresses tombent et se décomposent en masses de ruines, de vagues souvenirs ! De toute cette grandeur, il ne reste qu'un seul monument. les chroniques, les chants des bardes et des minnesingers. Il ne reste que le parchemin ! »

Il resta silencieux un moment, puis poursuivit ses réflexions.

"Et dans ces temps lointains, tandis que les chevaliers et les écuyers partaient en guerre, combattaient et conquéraient ou combattaient et tombaient pour la possession d'un coin de forêt, ou d'un titre, ou d'une affaire plus petite encore, avec quel mépris et quel mépris ils ne méprisent pas le misérable petit gribouilleur, l'homme de simples lettres et de jargon, à moitié vêtu de peaux non tannées, avec pour seule arme un encrier à la ceinture, son stylo la plume d'une plume d'oie ! un atome ou une puce, bon à rien ! " Il ne fait rien, il ne peut même pas percevoir nos impôts, ni entretenir nos domaines, tandis que nous, cavaliers audacieux, armés jusqu'aux dents, l'épée à la main et la lance à la cuisse, nous combattons, et nous sommes les meilleurs gars du pays ! C'est ce qu'ils disaient lorsqu'ils voyaient le pauvre diable se traîner à pied sur les talons de leurs chevaux, grelottant l'hiver et transpirant l'été, rouillant et se décomposant avec la vieillesse. Eh bien, que s'est-il passé ? Cette puce, cette vermine les a retenus dans la mémoire des hommes plus longtemps que leurs châteaux n'ont existé, longtemps après que leurs armes et leurs armures eurent rouillé dans le sol. J'aime ces vieux parchemins. Je les respecte et les vénère. Comme le lierre, ils habillent les ruines et empêchent les anciens murs de s'effondrer en poussière et périssant dans l'oubli ! »

S'étant ainsi délivré, une expression solennelle se glissa sur ses traits, et sa propre éloquence fit couler des larmes d'affection émue sur ses joues ridées.

Le pauvre bossu aimait manifestement ceux qui avaient supporté et protégé ses ancêtres peu guerriers mais intelligents. Et après tout, il parlait vrai, et il y avait un profond bon sens dans ses paroles.

J'ai été surpris et j'ai dit : « Monsieur Knapwurst , connaissez-vous le latin ?

"Oui, monsieur," répondit-il, mais sans vanité, "le latin et le grec. J'ai appris moi-même. Les vieilles grammaires suffisaient amplement ; il y avait de vieux livres du comte, jetés comme des ordures ; ils sont tombés entre mes mains, et Je les dévorai. Peu de temps après, le comte, m'entendant laisser tomber une citation latine, fut tout étonné et me dit : « Quand as-tu appris le latin, Knapwurst ? — J'ai appris tout seul, Monseigneur . Il m'a posé quelques questions auxquelles j'ai donné d'assez bonnes réponses : « *Parbleu !* », s'écria-t-il, « Knapwurst en sait plus que moi, il tiendra mes registres. Il m'a donc donné les clés des archives, c'était il y a trente ans. Depuis , j'en ai lu chaque mot. Parfois, quand le comte me voit monter sur mon échelle, il me dit : « Que fais-tu maintenant, Knapwurst ? — Je lis les archives familiales, Monseigneur . "Aha ! Est-ce que c'est ce que tu apprécies ?" 'Oui beaucoup.' " Allons, allons, je suis content de l'entendre, Knapwurst ; sans toi, qui connaîtrait la gloire de la maison Nideck ? " Et il s'en va en riant. Je fais ce que je veux.

" Alors c'est un très bon maître, n'est-ce pas ? "

"Oh, docteur Fritz, c'est le maître le plus bon ! il est si franc et si aimable !" s'écria le nain en joignant les mains. "Il n'a qu'un seul défaut."

"Et qu'est-ce que ça peut être ?"

"Il n'a aucune ambition."

"Comment prouvez-vous cela?"

" Eh bien, il aurait pu être tout ce qu'il voulait. Pensez à un Nideck , une des familles les plus nobles d'Allemagne ! Il n'avait qu'à demander à être nommé ministre ou feld-maréchal. Eh bien ! il ne désirait rien de tel. Lorsqu'il n'était plus jeune, il se retira de la vie politique. Sauf qu'il fut en campagne en France à la tête d'un régiment qu'il levait à ses frais, il a toujours vécu loin du bruit et des combats ; , et presque inconnu, il semblait ne penser qu'à sa chasse.

Ces détails m'intéressaient profondément. La conversation se déroulait d'elle-même, prenant exactement la tournure que je souhaitais, et je résolus d'en tirer mon avantage.

— Le comte n'a donc jamais eu en main des faits excitants ?

"Aucun, docteur Fritz, aucun du tout; et c'est dommage. Une noble excitation est la gloire des grandes familles. C'est un malheur pour une race noble quand un de ses membres est dépourvu d'ambition; il laisse sa famille sombrer au-dessous. son niveau. Je pourrais vous donner bien des exemples. Ce qui serait très heureux dans une famille de commerçants est le plus grand malheur dans celle d'un noble .

J'étais epoustouflé; car toutes mes théories sur la vie passée du comte tombaient à terre.

" Pourtant, monsieur Knapwurst , le seigneur du Nideck a eu de grands chagrins, n'est-ce pas ? "

"Comme quoi?"

"La perte de sa femme."

"Oui, vous avez raison ; sa femme était un ange ; il l'épousa par amour. C'était une Zaân , une des plus anciennes et des meilleures nobles d'Alsace, mais une famille ruinée par la Révolution. La comtesse Odile faisait les délices de son mari. Elle est morte d'un déclin qui l'a emportée après cinq ans de maladie. Tous les plans ont été essayés pour lui sauver la vie. Ils ont voyagé ensemble en Italie mais elle est revenue plus mal qu'elle n'était allée et est décédée quelques semaines après leur retour. " Le comte avait presque le cœur brisé, et pendant deux ans il s'est enfermé et n'a voulu voir personne. Il a négligé ses chiens et ses chevaux. Le temps a enfin calmé sa douleur, mais il reste toujours un reste de douleur, " dit le bossu. pointant du doigt son cœur ; tu comprends bien, il y a encore une blessure qui saigne. Les vieilles blessures, tu sais, se font sentir dans les changements de temps — et les vieux chagrins aussi — au printemps quand les fleurs refleurissent, et à l'automne quand les feuilles mortes recouvrent le sol. Mais le comte ne voulut pas se remarier ; tout son amour est donné à sa fille. »

« Donc, le mariage a été heureux jusqu'au bout ? »

"Heureux ! pourquoi c'était une bénédiction pour tout le monde."

Je n'en ai pas dit plus. Il était clair que le chef d'accusation n'avait pas commis et n'aurait pas pu commettre un crime. J'ai été obligé de céder à des preuves. Mais alors, que signifiait cette scène nocturne, ce rapport étrange avec la Peste Noire, ce jeu d'acteur effrayant, ce remords en rêve, qui poussait les coupables à trahir leurs atrocités passées ?

Je me perdais en vaines conjectures.

Knapwurst ralluma sa pipe et m'en tendit une, que j'acceptai.

A ce moment-là, l'engourdissement glacial qui m'avait saisi était presque passé, et j'éprouvais ce sentiment agréable de soulagement qui suit une grande fatigue lorsque, au coin de la cheminée, dans un fauteuil confortable, voilé de guirlandes de fumée de tabac , vous vous abandonnez au luxe du repos, et vous écoutez distraitement le duo entre le gazouillis d'un grillon sur l'âtre et le sifflement de la bûche brûlante.

donc restés assis pendant un quart d'heure.

Enfin , j'ai osé remarquer :

"Mais parfois le comte se fâche contre sa fille ?"

Knapwurst sursauta et, fixant sur moi un œil sinistre, presque féroce et hostile, répondit :

"Je sais je sais!"

Je l'ai observé attentivement, pensant que je pourrais maintenant apprendre quelque chose à l'appui de ma théorie, mais il a simplement ajouté ironiquement :

"Les tours du Nideck sont hautes, et la calomnie vole trop bas pour atteindre leur élévation !"

" Sans doute ; mais c'est quand même un fait, n'est-ce pas ? "

" Oh oui, c'est vrai ; mais après tout ce n'est qu'un engouement, un effet de sa plainte. Dès que la crise est passée, tout son amour pour mademoiselle revient. Je vous assure , monsieur, qu'un amant de vingt ans pourrait Je ne l'ai pas vu plus dévoué, plus affectueux que lui. Cette jeune fille est sa fierté et sa joie. Une douzaine de fois je l'ai vu partir à cheval pour lui chercher une robe, des fleurs, ou que sais-je encore. Il est parti seul. " et rapporta les articles en triomphe en soufflant du cor. Il n'aurait confié une commande aussi délicate à personne, pas même à Sperver , qu'il aime tant. Mademoiselle n'ose jamais exprimer un vœu devant lui, de peur qu'il ne commence et accomplissez-le tout de suite. Le seigneur du Nideck est le plus digne maître, le plus tendre père, et le plus bon et le plus droit des hommes. Ces braconniers qui infestent sans cesse nos bois, le vieux comte Ludwig les aurait pendus sans pitié. " Notre comte leur fait un clin d'œil, il en fait même des gardes-chasse. Regardez Sperver ! Pourquoi, si le comte Ludwig était vivant, les os de Sperver auraient depuis longtemps claqué dans les chaînes ; au lieu de cela, il est chef chasseur au château.

Toutes mes théories étaient désormais dans un état de désorganisation . J'ai posé ma tête entre mes mains et j'ai réfléchi longtemps.

Knapwurst , supposant que je dormais, s'était retourné vers son in-folio.

L'aube grise pointait maintenant et la lampe pâlissait. Des voix indistinctes se faisaient entendre dans le château.

Soudain, il y eut un bruit de pas précipités dehors. Je vis quelqu'un passer devant la fenêtre, la porte s'ouvrit brusquement, et Gédéon parut sur le seuil.

# CHAPITRE XI.

de Sperver annonçaient que les événements étaient en route. Il était pourtant calme et ne semblait pas surpris de ma présence dans la chambre de Knapwurst.

"Fritz," dit-il brièvement, "je viens te chercher." Je me levai sans répondre et le suivis. A peine étions-nous sortis de la cabane qu'il me prit par le bras et m'entraîna vers le château.

« Mademoiselle Odile veut vous voir », murmura-t-il.

"Quoi ! est-elle malade ?"

" Non, elle va beaucoup mieux, mais il se passe quelque chose d'étrange. Ce matin, vers une heure, pensant que le comte allait rendre son dernier soupir, je suis allé réveiller la comtesse ; la main sur la sonnette. Mon cœur m'a fait défaut. "Pourquoi devrais-je lui briser le cœur ?" Je me suis dit : « Elle n'apprendra que trop tôt son malheur ; et alors, la réveiller au milieu de la nuit, faible et frêle comme elle est, après de tels chocs, pourrait la tuer d'un seul coup. J'ai pris quelques minutes pour réfléchir, puis j'ai décidé de tout prendre sur moi. Je suis retourné dans la chambre du comte. J'ai regardé : il n'y avait pas âme qui vive ! Impossible ! l'homme était dans les dernières agonies de la mort. J'ai couru dans le couloir comme un fou. Il n'y avait personne ! Dans la longue galerie, personne ! Puis j'ai perdu la présence d'esprit, et me précipitant de nouveau dans la chambre de la jeune comtesse, j'ai sonné de nouveau. Cette fois, elle est apparue en criant : « Est-ce que mon père est mort ? 'Non.' « A-t-il disparu ? — Oui, madame. J'étais sorti une minute... quand je suis revenu... — Et le docteur Fritz, où est-il ? « Dans la tour de Hugh Lupus. » « Dans *cette* tour ? » Elle tressaillit. Elle s'entoura d'une robe de chambre, prit sa lampe et sortit. Je restai en arrière. Un quart d'heure après, elle revenait, les pieds couverts de neige, si pâle et si froide ! Elle la posa. lampe sur la cheminée, et me regardant fixement, il dit : « C'est vous qui avez mis le docteur dans cette tour ? 'Oui madame.' " Malheureux ! vous ne saurez jamais l'étendue du mal que vous avez fait. " J'allais répondre, mais elle m'interrompit : "Pas plus ; va fermer toutes les portes et te coucher. Je vais m'asseoir. Demain matin, tu trouveras le docteur Fritz chez Knapwurst et tu me l'amèneras. Ne fais pas de bruit." , et attention, vous n'avez rien vu et vous ne savez rien !'"

"C'est tout, Sperver ?" J'ai demandé.

Il hocha gravement la tête.

"Et à propos du décompte ?"

"Il est de nouveau là. Il va mieux."

Nous étions arrivés à l'antichambre. Gideon frappa doucement à la porte, puis il l'ouvrit en annonçant : « Docteur Fritz ».

J'avançai d'un pas et me plaçai en présence d'Odile. Sperver s'était retiré en fermant la porte.

Une étrange impression me traversa l'esprit à la vue de la jeune comtesse debout, pâle et immobile, appuyée sur le dossier d'un fauteuil, les yeux d'un éclat fiévreux, et vêtue d'une longue robe de riche velours noir. Mais elle resta calme et ferme.

« Docteur, dit-elle en me faisant signe de m'asseoir, je vous prie de vous asseoir ; j'ai une affaire très sérieuse à vous parler.

J'obéis en silence.

A son tour, elle s'assit et parut rassembler ses pensées.

"La Providence ou une mauvaise destinée, je ne sais laquelle, vous a rendu témoin d'un mystère où réside l' honneur de ma famille."

Donc elle savait tout !

J'étais assis confus et étonné.

"Madame, croyez-moi, ce n'est que par hasard..."

«C'est inutile», interrompit-elle; "Je sais tout, et c'est affreux !"

Puis, d'une voix déchirante et attirante, elle s'écria :

"Mon père n'est pas un homme coupable !"

J'ai frissonné et, les mains tendues, j'ai pleuré :

"Madame, je le sais ; je sais que la vie de votre père a été une des plus nobles et des plus belles."

Odile s'était à demi levée de son siège, comme pour protester par anticipation contre toute supposition qui pût nuire à son père. En m'entendant moi-même prendre sa défense , elle retomba à nouveau, et se couvrant le visage de ses mains, les larmes commencèrent à couler.

« Que Dieu vous bénisse, monsieur ! s'exclama-t-elle. "J'aurais dû mourir à la seule pensée qu'un soupçon de suspicion régnait contre lui."

" Ah ! madame, qui pourrait attacher quelque réalité à l'action d'un somnambule ? "

" C'est tout à fait vrai, monsieur ; j'avais moi-même eu cette pensée, mais les apparences — pardonnez-moi — pourtant je craignais — je savais quand même que le docteur Fritz était un homme d' honneur . "

"Je vous en prie, madame, soyez calme."

" Non, s'écria-t-elle, laissez-moi pleurer. C'est un tel soulagement ; depuis dix ans j'ai souffert en secret. Oh ! comme j'ai souffert ! Ce secret, si longtemps enfermé dans mon sein, me tuait. aurait dû bientôt mourir, comme ma chère mère. Dieu a eu pitié de moi, il vous a envoyé et vous a fait partager cela avec moi. Laissez-moi tout vous dire, monsieur, laissez-moi !

Elle ne pouvait plus parler. Des sanglots et des larmes brisèrent sa voix. Il en est toujours ainsi des natures fières et élevées. Après avoir vaincu le chagrin et l'avoir emprisonné, enterré et comme écrasé dans les profondeurs secrètes de l'esprit, ils semblent heureux, ou du moins indifférents aux yeux des ignorants qui les entourent et à l'œil de ceux qui les entourent. l'observateur le plus attentif pourrait se tromper ; mais qu'un choc soudain brise le sceau, un déchirement inattendu d'une partie du voile, alors, comme avec le fracas d'un orage, la tour dans laquelle le malade cachait sa douleur s'effondre en ruines. L'ennemi vaincu se lève avec plus de férocité qu'avant sa défaite et sa captivité ; il secoue avec fureur les portes de la prison, le corps tremble de longs frémissements , les sanglots et les soupirs soulèvent la poitrine, les larmes, trop longtemps contenues dans des limites, débordent de leurs rives gonflées, bondissant et se précipitant comme après la forte pluie d'un orage.

Telle était Odile.

Enfin elle releva sa belle tête ; elle essuya ses joues tachées de larmes, et, le bras sur le coude de sa chaise, la joue appuyée sur sa main, et les yeux tendrement fixés sur un tableau au mur, elle reprit d'un ton lent et mélancolique :

"Quand je remonte dans le passé, monsieur, quand je reviens à mes premières impressions, c'est celle de ma mère qui est devant moi. C'était une femme grande, pâle et silencieuse. Elle était encore jeune à l'époque à laquelle je fais référence. Elle avait à peine trente ans, et pourtant on en aurait cru cinquante. Son front était rond et argenté, ses cheveux blancs comme neige, ses joues maigres et creuses, son profil net et net, ses lèvres toujours fermées avec une expression de douleur, donnaient à ses traits un caractère étrange où l'orgueil et la douleur semblaient se disputer le pouvoir. Il ne restait plus rien de l'élasticité de la jeunesse chez cette vieille femme de trente ans, rien que sa taille haute et droite, ses yeux brillants et sa voix. ce qui était toujours aussi doux et doux qu'un rêve d'enfance. Elle se promenait souvent pendant des heures dans cette même pièce, la tête baissée, et moi, enfant irréfléchi, je courais joyeusement à ses côtés, sans m'en rendre compte. ma mère était triste, ne comprenant jamais le sens de la profonde mélancolie révélée par ces sillons qui traversaient son front blond. Je ne connaissais rien du passé, pour moi le présent était joie et bonheur, et oh ! l' avenir !… l'avenir sombre et misérable !… il n'y en avait pas ! Mon seul avenir était la pièce de demain ! »

Odile sourit amèrement et reprit :

« Il m'arrivait parfois, dans mon jeu bruyant, de déranger ma mère dans sa marche silencieuse ; alors elle s'arrêtait, baissait les yeux, et, me voyant à ses pieds, se penchait lentement, m'embrassait avec un sourire absent, et puis encôre reprennez sa marche interrompue et sa démarche triste. Depuis lors, monsieur, chaque fois que j'ai voulu chercher dans ma mémoire des souvenirs de mes premiers jours, cette grande femme pâle s'est levée devant moi, image de la mélancolie. La voilà. désignant une image sur le mur – « la voilà ! – non pas telle que la maladie l'a faite comme mon père le suppose, mais ce secret fatal et terrible. Voyez !

Je me retournai, et tandis que mes yeux s'arrêtaient sur le portrait que la dame me montrait, je frémis.

C'était un visage long, pâle, maigre, froid et rigide comme la mort, et seulement éclairé d'une manière sinistre par deux yeux sombres et enfoncés, fixes, brûlants et d'une intensité terrible.

Il y eut un moment de silence.

« Combien cette femme a dû souffrir ! me dis-je avec une douleur qui me frappait le cœur.

" Je ne sais comment ma mère a fait cette terrible découverte, " ajouta Odile, " mais elle a pris conscience de l'attraction mystérieuse de la Peste Noire et de leurs rencontres dans la tour d'Hugues Lupus ; elle savait tout, tout ! Elle n'a jamais soupçonné mon père... ah non ! — mais elle a péri peu à peu sous cette influence dévorante ! et moi-même je meurs.

J'ai baissé la tête dans mes mains et j'ai pleuré en silence.

« Une nuit, poursuivit-elle, une nuit — j'avais seulement dix ans — et ma mère, avec le reste de son énergie surhumaine, car elle touchait à sa fin cette nuit-là, est venue vers moi alors que je dormais. hiver; une main froide et pierreuse m'a attrapé par le poignet. J'ai levé les yeux. Devant moi se tenait une grande femme; dans une main elle tenait une torche enflammée, de l'autre elle me tenait par le bras. Sa robe était parsemée de neige. Là " Il y avait un mouvement convulsif dans tous ses membres et ses yeux brillaient d'une lumière sombre à travers les longues mèches de cheveux blancs qui pendaient en désordre autour de son visage. C'était ma mère et elle dit : " Odile, mon enfant, lève-toi et robe ! Vous devez tout savoir ! Puis m'emmenant à la tour de Hugh Lupus, elle me montra le passage souterrain ouvert. « Ton père sortira par là, dit-elle en désignant la tour ; il sortira avec la louve ; n'aie pas peur, il ne vous verra pas. Et bientôt mon père, portant son fardeau funèbre, sortit avec la vieille femme. Ma mère me prit dans ses bras et me suivit ; elle me montra la scène lugubre de l' Altenberg que vous connaissez. « Regarde, mon enfant, dit-elle. " Vous devez le faire car je vais bientôt mourir. Vous devrez garder ce secret. Vous seul devez vous asseoir avec votre père ", dit-elle d'une manière impressionnante - " vous seul. L' honneur de votre famille dépend de vous ! " Nous sommes donc revenus . Quinze jours après la mort de ma mère, me laissant sa volonté à accomplir et son exemple à suivre. J'ai scrupuleusement obéi à ses injonctions comme à un commandement sacré, mais oh ! quel sacrifice ! Vous avez tout vu. Je J'ai été obligé de désobéir à mon père et de lui déchirer le cœur. Si je m'étais marié , j'aurais amené un étranger dans la maison et trahi le secret de notre race. J'ai résisté. Personne dans ce château ne connaît le somnambulisme de mon père, et sans la crise d'hier, qui m'a complètement détruit les forces et m'a empêché de m'asseoir avec mon père, j'aurais encore été son seul dépositaire : Dieu en a décidé autrement, et a mis l' honneur et la réputation de ma famille entre vos soins. Je pourrais exiger de vous, monsieur, une promesse solennelle de ne jamais révéler ce que vous avez vu ce soir. J'aurais le droit de le faire.

« Madame, dis-je en me levant, je suis prêt.

"Non, monsieur," répondit-elle avec beaucoup de dignité, "je ne vous ferai pas un tel affront. Les serments ne lient pas les hommes vils, et l'honneur seul est une garantie suffisante pour les hommes honnêtes. Vous garderez ce secret, monsieur, je sachez que vous le garderez, car c'est votre devoir de le faire. Mais j'attends plus que cela de vous, bien plus, et c'est pourquoi je me crois obligé de tout vous dire !

Elle se leva lentement de son siège.

" Docteur Fritz, reprit-elle d'une voix qui fit frémir tous mes nerfs d'une profonde émotion, ma force est inégale à mon fardeau ; je me penche sous lui. J'ai besoin d'un secours, d'un ami. Serez-vous cet ami ? "

"Madame," répondis-je en me levant de mon siège, "j'accepte avec gratitude votre offre d'amitié. Je ne peux pas vous dire combien je suis fier de votre confiance; mais permettez-moi quand même d'y associer une condition."

"Je vous en prie, parlez, monsieur."

"Je veux dire que j'accepterai ce titre d'ami avec tous les devoirs et obligations qu'il m'imposera."

"De quels devoirs parlez-vous?"

"Il y a un mystère qui plane sur votre famille ; ce mystère doit être découvert et résolu à tout prix. Cette Peste Noire doit être appréhendée. Nous devons découvrir d'où elle vient, ce qu'elle est et ce qu'elle veut !"

"Oh, mais c'est impossible !" dit-elle avec un mouvement de désespoir.

" Qui peut le dire, madame ? Peut-être que la Divine Providence avait un dessein lié à moi en envoyant Sperver me chercher ici. "

" Vous avez raison, monsieur. Dieu n'agit jamais sans une sagesse consommée. Faites ce que vous jugez juste. Je donne mon approbation d'avance. "

Je portai à mes lèvres la main qu'elle posait en tremblante dans la mienne, et je sortis plein d'admiration pour cette femme frêle et faible, qui était pourtant si forte dans l'épreuve. Y a-t-il quelque chose de plus grand qu'un devoir noblement accompli ?

# CHAPITRE XII.

Une heure après la conversation avec Odile, Sperver et moi roulions fort et laissons rapidement Nideck derrière nous.

Le chasseur, penché sur l'encolure de son cheval, l'encourageait de la voix et de l'action.

Il chevauchait si vite que son grand Mecklemburger , la crinière volante, la queue tendue et les jambes largement étendues, semblait presque immobile, tant elle fendait l'air rapidement. Quant à mon petit poney ardennais , je crois qu'il courait tout de suite avec son cavalier. Lieverlé nous accompagnait, volant à nos côtés comme une flèche d'arc. Un tourbillon semblait nous emporter à toute allure.

Les tours du Nideck étaient loin, et Sperver marchait devant, comme d'habitude, quand je criai :

"Bonjour, camarade, arrêtez-vous ! Arrêtez-vous ! Avant d'aller plus loin, faites-nous savoir de quoi nous parlons."

Il se tourna vers lui.

"Dis-moi seulement, Fritz, est-ce que c'est vrai ou est-ce que c'est gauche ?"

"Non, cela ne suffit pas. Il est de la première importance que vous sachiez le but de notre voyage. Bref, nous allons attraper la sorcière."

Une rougeur de plaisir éclaira le long visage blême du vieux braconnier, et ses yeux pétillèrent.

"Ha, ha!" s'écria-t-il, je savais que nous devrions enfin en arriver là !

Et il glissa son fusil de son épaule dans sa main.

Cette action significative m'a réveillé.

"Attends, Sperver ; nous n'allons pas tuer la Peste Noire, mais la prendre vivante !"

"Vivant?"

" Sans doute, et cela vous épargnera peut-être bien des remords si je vous déclare que la vie de cette vieille femme est liée à celle de votre maître. La balle qui la frappe atteint votre seigneur. "

Sperver me regarda avec étonnement.

"Est-ce vraiment vrai, Fritz ?"

"Positivement vrai."

Il y a eu un long silence; nos montures, Fox et Rappel, se jetaient la tête comme pour se saluer, raclant la neige avec leurs sabots pour se féliciter d'une si agréable expédition. Lieverlé ouvrit grand sa bouche rouge, béante d'impatience, étendant et courbant son long corps maigre comme un serpent, et Sperver resta immobile, la main toujours sur son fusil.

"Eh bien, essayons de la rattraper vivante. Nous mettrons des gants si nous devons la toucher, mais ce n'est pas aussi facile que tu le penses, Fritz."

Et désignant d'une main tendue le panorama de montagnes qui se déroulait autour de nous comme un vaste amphithéâtre , il ajouta :

"Regardez ! il y a l' Altenberg , le Schnéeberg , l' Oxenhorn , le Rhéthal , le Behrenkopf , et si nous montions seulement un peu plus haut , nous verrions au loin cinquante autres sommets, jusque dans le Palatinat. Il y a des rochers et des ravins, des cols et des vallées, des torrents et des cascades, des forêts et encore des montagnes, ici des hêtres, là des sapins , puis des chênes, et la vieille femme a tout cela pour son camping, elle vagabonde partout et vit dans un trou où elle veut. Elle a un pied sûr , un œil vif et peut vous flairer à quelques kilomètres de là. Comment vas-tu la rattraper, alors ?

"Si c'était une affaire facile, où serait le mérite ? Je n'aurais donc pas dû vous choisir pour y prendre part."

"Tout cela est très bien, Fritz. Si nous n'avions qu'un bout de sa trace, qui sait, mais avec courage et persévérance..."

" Quant à sa trace, ne vous en souciez pas, c'est mon affaire. "

"Le vôtre?"

"Oui, le mien."

"Que savez-vous du suivi d'une piste ?"

"Pourquoi je ne devrais pas?"

"Oh, si vous en êtes si sûr et que vous en savez plus que moi, bien sûr, continuez et je vous suivrai!"

Il était facile de voir que le vieux chasseur était contrarié que j'ose oser empiéter sur sa province spéciale ; aussi, riant seulement intérieurement, je n'eus pas besoin de répéter cette demande pour continuer, et je tournai brusquement à gauche, sûr de croiser la trace de la vieille femme, qui, après avoir laissé le comte à la poterne, avait dû traverser la porte. plaine pour atteindre la montagne. Sperver me suivait maintenant, en sifflant avec un peu de mépris, et je l'entendais de temps en temps grogner :

" A quoi bon chercher la trace de la louve dans la plaine ? Bien sûr, elle a longé la forêt comme d'habitude. Mais il paraît qu'elle a changé ses habitudes et se promène désormais les mains dans les poches. , comme un respectable commerçant fribourgeois en promenade."

Je fis la sourde oreille à ses allusions, mais aussitôt je l'entendis pousser une exclamation de surprise ; puis, me fixant d'un œil attentif, il dit :

"Fritz, tu en sais plus que ce que tu choisis de dire."

"Comment ça va, Gédéon ?"

"La piste que j'aurais dû chercher depuis une semaine, vous l'avez tout de suite. Allez, ça ne va pas!"

"Où le vois-tu, alors ?"

"Oh, ne fais pas semblant de regarder tes pieds."

Et me montrant à quelque distance une traînée blanche à peine perceptible dans la neige :

"Elle est là!"

Immédiatement, il s'y précipita au galop ; J'ai suivi en quelques minutes; nous étions descendus de cheval et examinions la trace de la Peste Noire.

"Je voudrais savoir", s'écria Sperver , "comment cette trace est arrivée ici ?"

"Ne laissez pas cela vous déranger," répondis-je.

"Tu as raison, Fritz ; ne fais pas attention à ce que je dis ; parfois je parle un peu au hasard. Ce que nous voulons maintenant, c'est savoir où cette piste nous mènera."

Et maintenant le chasseur s'agenouilla sur le sol.

J'étais tout ouïe; il examinait attentivement.

"C'est une piste récente", déclara-t-il, "celle d'hier soir . C'est une chose étrange, Fritz, lors de la dernière attaque du comte, que cette vieille sorcière traînait dans le château."

Puis examinant avec plus de soin...

"Elle est passée ici entre trois et quatre heures ce matin."

"Comment peux-tu dire ça ?"

"C'est une piste toute fraîche ; il y a de la neige fondue tout autour. Hier soir, vers midi, je suis sorti pour fermer les portes ; il tombait alors de la neige fondue, il n'y en a pas sur les pas, donc elle est passée depuis."

"C'est assez vrai, Sperver , mais cela a peut-être été fait beaucoup plus tard ; par exemple, à huit ou neuf heures."

"Non, regarde, il y a du givre dessus ! Le brouillard qui gèle sur la neige n'arrive qu'au lever du jour. L'animal est passé ici après la neige fondue et avant le brouillard, c'est-à-dire vers trois ou quatre heures du matin."

J'ai été étonné de l'exactitude de Sperver .

Il se releva, joignit les mains pour se débarrasser de la neige, et me regardant pensivement, comme s'il se parlait à lui-même, il dit :

« Il est midi, n'est-ce pas, Fritz ?

« Midi moins le quart. »

" Très bien ; alors la vieille femme a sept heures d'avance sur nous. Il faut suivre sa trace pas à pas ; à cheval nous pouvons le faire en la moitié du temps, et, si elle continue, environ sept ou huit heures. " ce soir, nous l'avons eue, Fritz. Maintenant, nous partons.

Et nous sommes repartis sur la piste. Cela nous a conduit directement vers les montagnes.

Au galop, Sperver dit :

"Si seulement la chance avait voulu qu'elle se soit reposée une heure ou deux dans un trou dans un rocher, nous pourrions la retrouver avant la fin du jour."

"Espérons-le, Gideon."

" Oh ! n'y pense pas. La vieille louve est toujours en mouvement ; elle ne se fatigue jamais ; elle marche dans tous les creux de la Forêt-Noire. Il ne faut pas se flatter de vains espoirs. Si peut-être elle s'est arrêtée dans son voyage, tant mieux pour nous ; et si elle continue encore, cela ne nous découragera pas. Allez au galop.

C'est une sensation très étrange de traquer un semblable ; car, après tout, cette malheureuse femme était de notre espèce et de notre nature ; douée comme nous d'une âme immortelle à sauver, elle sentait, pensait et réfléchissait comme nous. Il est vrai qu'une étrange perversion de la nature humaine l'avait rapprochée de la nature du loup, et qu'un grand mystère éclipsait son être. Sans doute une vie errante avait effacé en elle le sens moral, et même presque effacé le caractère humain ; mais rien au monde ne peut donner à un homme le droit d'exercer sur un autre la domination de l'homme sur la brute.

Et pourtant une ardeur brûlante nous poussait à notre poursuite ; mon sang était brûlant ; J'étais déterminé à ne rencontrer aucun obstacle pour m'emparer de cet être extraordinaire. Une chasse au loup ou une chasse au sanglier ne m'auraient pas autant excité.

La neige volait derrière nous ; parfois des éclats de glace, arrachés par les fers à cheval, comme des copeaux de fer provenant de machines, sifflaient à nos oreilles.

Sperver , tantôt le nez en l'air et sa moustache rouge flottant au vent, tantôt ses yeux gris suivant attentivement la trace, me rappelait ces fameux cosaques que j'avais vu traverser l'Allemagne quand j'étais enfant ; et son grand cheval dégingandé, musclé et à crinière pleine, au corps aussi élancé que celui d'un lévrier, complétait l'illusion.

Lieverlé , dans un état d'enthousiasme et d'excitation élevés, faisait des bonds parfois aussi hauts que le dos de nos chevaux, et je ne pouvais m'empêcher de trembler à l'idée que lorsque nous trouverions enfin le Pest , il pourrait le déchirer en morceaux avant que nous puissions le faire. l'en empêcher.

Mais la vieille femme nous a donné tous les ennuis qu'elle a pu ; sur chaque colline elle doublait, à chaque colline il y avait une fausse trace.

" Après tout, c'est facile ici, s'écria Sperver , de ce que ce sera dans le bois. Il faudra y garder les yeux ouverts ! Voyez-vous la bête maudite ? Ici, elle a confondu la piste ! Là, elle a elle s'est amusée à balayer le sentier, puis de cette hauteur exposée au vent, elle a glissé jusqu'au ruisseau et s'est glissée à travers les cresses pour gagner les sous-bois. Sans ces deux pas, elle nous aurait vendu tout entier. ".

Nous venions d'arriver à la lisière d'une forêt de pins. Dans les bois de cette description, la neige n'atteint jamais le sol que dans les espaces ouverts entre les arbres, le feuillage dense l'interceptant dans sa chute. C'était une partie difficile de notre entreprise. Sperver descendit de cheval pour mieux voir notre chemin, et me plaça à sa gauche pour ne pas être gêné par mon ombre.

Ici se trouvaient de grands espaces couverts de feuilles mortes et d'aiguilles et de cônes de sapins, qui ne laissent aucune empreinte. Ce n'est donc que dans les espaces découverts où la neige était tombée au sol que Sperver retrouva la trace.

Il nous a fallu une heure pour traverser ce fourré. Le vieux braconnier se mordait la moustache avec excitation et dépit, et son long nez se courbait visiblement en crochet. Quand j'ouvrais seulement la bouche pour parler, il disait avec impatience :

"Ne parle pas, ça me dérange!"

Enfin , nous descendîmes une vallée sur la gauche et Gédéon, désignant la trace de la louve à l'extérieur de la lisière des broussailles, remarqua triomphalement :

"Il n'y a aucune feinte dans cette sortie, pour une fois. Nous pouvons suivre cette piste avec confiance."

"Pourquoi?"

- Parce que la Peste a l'habitude, chaque fois qu'elle fait un double pas, de faire trois pas à droite ; puis elle revient sur ses pas quatre, cinq ou six dans l'autre sens, et s'éloigne d'un bond dans un endroit dégagé. Mais quand elle croit avoir suffisamment d'espace. " Elle a déguisé sa trace, elle se déchaîne sans prendre la peine de faire aucune feinte. Voilà ! Qu'ai-je dit ? Maintenant, elle s'enfouit sous les broussailles comme un sanglier, et ce ne sera pas si difficile de la suivre. "

"Eh bien, mettons la piste entre nous et fumons la pipe."

Nous nous arrêtâmes, et l'honnête garçon, dont le visage commençait à s'éclairer, me regardant avec enthousiasme, s'écria :

"Fritz, si nous avons de la chance, ce sera l'un des plus beaux jours de ma vie. Si nous attrapons la vieille sorcière, je l'attacherai sur mon cheval derrière moi comme un paquet de vieux chiffons. Il n'y a qu'une chose qui me dérange."

"Et qu'est ce que c'est que ça?"

" Que j'ai oublié mon clairon. J'aurais aimé sonner le retour en approchant du château ! Ha, ha, ha ! "

Il a allumé son moignon de pipe et nous sommes repartis au galop.

La trace de la louve se dirigeait alors vers les hauteurs de la forêt par une montée si raide que nous dussions plusieurs fois descendre de cheval et conduire nos chevaux par la bride.

"La voilà, tournant à droite", dit Sperver . "Dans cette direction, les montagnes sont escarpées ; peut-être que l'un de nous devra conduire les deux chevaux tandis que l'autre grimpera pour surveiller la piste. Mais ne pensez-vous pas que la lumière s'éteint ?"

Le paysage prenait maintenant un aspect de grandeur et de magnificence. De vastes rochers gris, étincelants de longs glaçons, dressaient çà et là leurs pics acérés comme des brisants au milieu d'une mer enneigée.

Il n'y a rien de plus tristement impressionnant que l'aspect de l'hiver dans une région montagneuse. Les crêtes déchiquetées des précipices, les ravins profonds et sombres, les bois étincelants de sanglier comme des diamants, tout forme un tableau de désertion, de désolation et de mélancolie indicible. Le silence est si profond qu'on entend le bruissement d'une feuille morte sur la neige, ou l'aiguille du sapin tomber au sol. Un tel silence est oppressant comme le tombeau ; elle suscite dans l'esprit l'idée du néant de l'homme dans l'immensité de la création.

Comme l'homme est un être fragile ! Deux hivers ensemble, sans été entre eux, l'emporteraient de la terre !

Parfois, nous éprouvions la nécessité de dire quelque chose, ne serait-ce que pour montrer que nous gardions le moral.

"Ah, on avance ! Comme il fait terriblement froid ! Lieverlé , qu'as-tu ? qu'as-tu trouvé maintenant ?"

Malheureusement Fox et Rappel commençaient à se fatiguer ; ils s'enfonçaient plus profondément dans la neige et ne hennissaient plus de joie.

Et en plus, les labyrinthes infinis de la Forêt-Noire nous fatiguaient aussi. La vieille femme affecta beaucoup cette région solitaire ; ici, elle avait trotté autour d'une cabane déserte de charbonnier ; plus loin, elle avait arraché les racines qui dépassaient d'un rocher moussu ; là, elle s'était assise au pied d'un arbre, et cela tout récemment — il n'y avait pas plus de deux heures, car la piste était toute fraîche — et notre espoir et notre ardeur se sont réunis. Mais la lumière du jour disparaissait peu à peu !

Bien étrangement, depuis notre départ du Nideck nous n'avions rencontré ni bûcherons, ni charbonniers, ni transporteurs de bois. A cette saison, le silence et la solitude de la Forêt-Noire sont aussi profonds que ceux des steppes nord-américaines.

A cinq heures, il faisait presque nuit. Sperver s'arrêta et dit :

"Fritz, mon garçon, nous sommes partis quelques heures trop tard. La louve a pris un départ trop long. Dans dix minutes, il fera aussi noir qu'un cachot. Le meilleur moyen serait d'atteindre Roche Creuse , qui est à vingt minutes d'ici, allumez un bon feu, mangez nos provisions et videz nos flacons. Quand la lune sera levée , nous suivrons à nouveau la piste, et à moins que la vieille sorcière ne soit elle-même l'immonde démon, nous le ferons à dix contre un. trouve-la morte et raidie de froid au pied d'un arbre, car rien ne peut survivre après un si terrible vagabondage par un temps pareil. Sébalt est le meilleur marcheur de la Forêt-Noire, et il ne l'aurait pas supporté. Viens, Fritz, quel est ton opinion?"

"Je ne suis pas assez fou pour penser autrement. D'ailleurs, je meurs de faim !"

"Eh bien, recommençons."

Il prit la tête et passa dans un vallon étroit et étroit entre deux parois rocheuses escarpées. Les sapins se rencontraient au-dessus de nos têtes ; sous nos pieds coulait un simple fil de ruisseau, et de temps en temps quelque rayon venu d'en haut se reflétait faiblement dans les profondeurs en contrebas et brillait d'une lumière terne et plombée.

L'obscurité était maintenant telle que je crus prudent de laisser tomber ma bride au cou de Rappel. Les pas de nos chevaux sur les graviers glissants éveillaient d'étranges sons discordants comme des cris de singes en train de jouer. Les échos de rocher en rocher rattrapaient et répétaient chaque son, et au loin un petit espace d'un bleu profond s'élargissait à mesure que nous avancions ; c'était le problème du Glen.

"Fritz," dit Sperver , "nous sommes dans le lit du Tunkelbach . C'est l'endroit le plus sauvage de la Forêt-Noire. Le fond est une fosse appelée La Marmite du Grand Gueulard , la marmite du géant à gueule de muckle. Au printemps, quand la neige fond, le Tunkelbach y jette toutes ses eaux, à une profondeur de deux cents pieds. Il y a un tumulte épouvantable, les eaux déferlent puis éclaboussent à nouveau et retombent en embruns sur toutes les collines alentour. Parfois même il remplit la Roche Creuse , mais il faut qu'elle soit à l'instant aussi sèche qu'une poudre.

Pendant que j'écoutais les explications de Gédéon , je méditais en même temps sur ce vallon sombre et effrayant, et je pensais que l'instinct qui attire les brutes dans des retraites comme celles-ci, loin de la lumière du ciel, loin de tout ce qui est brillant et gai, , doit participer à la nature du remords. Ces animaux qui aiment le plein soleil – la chèvre perchée sur un pic bien visible, le cheval volant à travers la vaste plaine, le chien cabriolant autour de son maître, l'oiseau baigné de soleil – respirent tous la joie et le bonheur ; ils se prélassent, chantent et se réjouissent en dansant et en se réjouissant. Le chevreau grignotant l'herbe tendre à l'ombre des grands arbres est un objet aussi poétique que l'abri qu'il aime ; le sanglier féroce est aussi rude que les freins enchevêtrés dans lesquels il aime à courir son énorme dos hérissé ; l'aigle est aussi fier et haut que les rochers perçant le ciel sur lesquels il est perché comme sa maison ; le lion est aussi majestueux que les voûtes voûtées des grottes où il fait sa tanière ; mais le loup, le renard et le furet recherchent les ténèbres conformes à leurs vilaines actions ; la peur et le remords suivent leurs pas.

Je poursuivais encore rêveusement ces pensées, et je commençais à sentir l'air vif se déplacer sur mon visage, car nous approchions de l'embouchure de la gorge, quand tout à coup une lumière rouge frappa le rocher à cent pieds au-dessus de nous, pourpre le ciel. le vert foncé des sapins et illuminant les couronnes de neige.

"Ha!" s'écria Sperver , nous l'avons enfin !

Mon cœur fit un bond ; nous étions serrés l'un contre l'autre.

Le chien grogna doucement et profondément.

"Ne peut-elle pas s'échapper ?" Ai-je demandé à voix basse.

"Non, elle est prise comme un rat dans un piège. Il n'y a d'autre issue à la Marmite du Grand Gueulard que celle-là, et partout tout autour les rochers ont deux cents pieds de haut. Maintenant, vile sorcière, je te tiens !"

Il descendit dans le ruisseau glacé en me tendant sa bride. J'entendis dans le silence le cliquetis de la platine de son fusil, et ce léger bruit me jeta dans un tremblement d'appréhension.

" Sperver , qu'est-ce que tu fais ? "

"Ne vous inquiétez pas, c'est seulement pour lui faire peur."

— Très bien, alors, mais pas de sang. Rappelez-vous ce que je vous ai dit : la balle qui frappe le Pest tue le comte !

"Ne vous inquiétez pas", fut la réponse.

Il s'en alla sans autre discussion. J'entendais le clapotis de ses pieds dans l'eau ; puis j'ai vu sa grande silhouette émerger à l'ouverture du vallon sombre, noire sur fond violet. Il resta cinq minutes immobile. Attentif, penché en avant, je regardais et écoutais, toujours en route. Lorsqu'il revint, je n'étais qu'à quelques mètres de lui.

"Écoutez!" murmura-t-il mystérieusement. "Regardez là!"

Au fond du creux, creusé perpendiculairement comme une carrière à flanc de montagne, je vis un feu brillant dérouler ses flèches d'or sous la voûte d'une grotte, et devant le feu était assis un homme, les mains jointes autour de ses genoux, qui J'ai reconnu à son costume le baron de Zimmer- Bluderich .

Il restait immobile, son front posé entre ses mains. Derrière lui se trouvait une forme sombre et décharnée étendue sur le sol. Plus loin, son cheval, à moitié perdu dans l'ombre, dressait l'encolure, nous regardait les yeux fixes, les oreilles dressées et les narines distendues.

Je restais enraciné au sol.

Comment le baron de Zimmer se trouvait-il dans ce désert solitaire à un moment pareil ? Que voulait-il ici ? Avait-il perdu son chemin ?

Les conjectures les plus contradictoires passaient en confusion dans mon cerveau excité, et je ne savais à quelle conclusion arriver, lorsque le cheval du baron se mit à hennir et que le maître releva la tête.

"Eh bien, Donner, qu'est-ce qu'il y a maintenant ?" a-t-il dit.

Puis lui aussi dirigea son regard vers nous, les yeux tendus à travers l'obscurité.

Ce visage pâle, avec ses traits fortement marqués, ses lèvres fines et ses épais sourcils noirs se rejoignant et formant sur le front un profond creux en forme d'une longue ride verticale, m'aurait frappé d'admiration en toute autre époque ; tandis que maintenant une anxiété inexplicable s'emparait de moi, et j'étais rempli de vagues appréhensions.

Tout à coup, le jeune homme s'écria :

"Qui va là?"

"Moi, monseigneur ," répondit Sperver en s'avançant, " Sperver , chef chasseur du seigneur de Nideck ."

Un flash tiré de l'œil vif du baron ; pas un muscle de son visage ne trembla. Il se leva, rassemblant sa pelisse sur ses épaules. J'attirai vers moi les chevaux et le chien, et cet animal se mit soudain à hurler de peur.

Tout le monde n'est-il pas plus ou moins sujet à des peurs superstitieuses ? À ces bruits lugubres, je tremblai et un frisson glacial parcourut tout mon corps.

Sperver et le baron se tenaient à cinquante pas l'un de l'autre ; le premier immobile au milieu du vallon profond, son fusil détaché de son épaule, l'autre dressé sur la plate-forme plate à l'extérieur de la grotte, portant la tête haute, fixant sur nous un œil hautain et un air fier de supériorité.

"Que voulez-vous ici?" » demanda-t-il agressivement.

« Nous cherchons une femme, répondit le vieux braconnier, une femme qui vient chaque année rôder autour du Nideck , et nous avons ordre de la prendre.

« A-t-elle volé quelque chose ? »

"Non."

"A-t-elle commis un meurtre ?"

"Non, Monseigneur ."

"Alors que lui veux-tu ? De quel droit as-tu le droit de la poursuivre ?"

"Et toi, quel droit as-tu sur elle ?" répondit Sperver avec un sourire ironique. "Regarde, la voilà. Je la vois au fond de la grotte. De quel droit te mêles-tu de nos affaires ? Ne sais-tu pas que nous sommes ici dans les domaines du Nideck , et que nous rendons la justice et exécutons nos propres décrets ?

Le jeune homme changea de couleur et dit froidement :

"Je n'ai aucun compte à vous rendre."

"Attention", répondit Sperver . "Je suis venu avec des propositions de paix et de conciliation. Je suis ici au nom du seigneur Yeri -Hans. J'exécute mon devoir et vous vous mettez en tort."

"Ton devoir!" s'écria amèrement le jeune homme. "Si vous parlez de votre devoir, vous m'obligerez à faire le mien !"

"Nous le ferons!" s'écria le chasseur dont les traits s'agitaient de colère.

"Non," répondit le baron, "je ne suis pas responsable envers vous, et vous ne viendrez pas ici !"

"C'est ce que nous verrons bientôt !" dit Sperver en se rapprochant de la grotte.

Le jeune homme sortit son couteau de chasse. Apercevant ce mouvement menaçant, j'allais m'élancer entre eux, mais heureusement le chien que je tenais par son collier s'échappa de moi avec un choc violent et me jeta à terre. Je pensais que le baron allait être perdu, mais à cet instant un cri sauvage s'éleva du fond sombre de la caverne, et tandis que je me levais, j'aperçus la vieille femme debout devant le feu, ses vêtements en lambeaux pendaient librement autour d'elle. ses mèches grises et emmêlées flottant sauvagement au vent ; elle jetait en l'air ses bras osseux et poussait des hurlements perçants prolongés comme le cri d'agonie du loup affamé dans les longues nuits froides de l'hiver où la famine lui ronge les entrailles.

Jamais de ma vie je n'ai vu une apparition plus effrayante. Sperver , immobile, les yeux rivés sur l'objet effrayant devant lui et la bouche ouverte d'étonnement, se tenait comme enraciné à terre. Mais le puissant chien, surpris lui-même de ce spectacle inattendu, resta un instant immobile ; puis, en courbant son dos hérissé en prévision d'un grand saut, il se précipita avec un grognement profond et impatient qui me fit trembler. La plate-forme devant la grotte se trouvait à environ huit ou neuf pieds du niveau où nous nous trouvions, sinon il l'aurait atteint d'un seul bond. Je l'entends encore se frayer un chemin à travers les ronces enneigées, le baron se jeter devant la femme avec un cri perçant : « Ma mère ! puis le chien reprit un bond, et

Sperver , vif comme l'éclair, leva son fusil et abattit le pauvre animal mort aux pieds du jeune homme.

Ce n'était que l'œuvre d'une seconde. Le golfe avait été éclairé par un éclair momentané, et les échos sauvages vibraient avec l'explosion de rocher en rocher, jusqu'à ce qu'il s'éteigne au loin. Puis le silence s'installa de nouveau sur la scène sombre, comme l'obscurité après l'éclair.

Lorsque la fumée de l'explosion se fut dissipée, je vis Lieverlé étendu au pied du rocher, et la femme évanouie dans les bras du jeune homme. Sperver , pâle de rage et d'excitation concentrées, et regardant le jeune baron d'un air sombre, laissa tomber la crosse de son arme au sol, ses traits décomposés et ses yeux à moitié cachés dans son sombre froncement de sourcils.

« Seigneur de Bluderich , s'écria-t-il en tendant la main, j'ai tué ma meilleure amie pour sauver la vie de cette malheureuse femme, votre mère ! Dieu merci, sa vie est liée à celle du comte de Nideck ! emmenez-la d'ici, et ne la laissez plus jamais revenir ici ; si vous le faites , je ne peux pas répondre de ce que le vieux Sperver pourrait être poussé à faire !

Puis, avec un coup d'œil au pauvre chien...

"Oh ! Lieverlé , Lieverlé !" s'écria-t-il, est-ce que ça devait finir ainsi ? Viens, Fritz, partons. Je ne peux pas rester ici. Je pourrais faire quelque chose dont je devrais me repentir !

Et, saisissant Renard par la crinière, il allait se jeter en selle, mais tout à coup ses sentiments de détresse l'emportèrent sur toute retenue, et baissant la tête sur l'encolure de son cheval, il éclata en sanglots et en larmes, et pleura comme un enfant.

<hr>

# CHAPITRE XIII.

Sperver était parti, emportant dans son manteau le corps du pauvre Lieverlé . J'avais refusé de suivre ; mon sens du devoir me retenait auprès de cette malheureuse femme, et je ne pouvais la quitter sans violence à mes propres sentiments.

D'ailleurs, je dois avouer que j'étais curieux de voir d'un peu plus près cet étrange être mystérieux, et c'est pourquoi dès que Sperver eut disparu dans l'obscurité du vallon, je me mis à grimper pour atteindre la caverne.

Là, j'ai vu un spectacle étrange.

Étendu sur un grand manteau de fourrure blanche gisait la vieille femme vêtue d'une longue robe violette en lambeaux, ses doigts agrippant sa poitrine, une flèche dorée dans ses cheveux gris.

Jamais je n'oublierai la figure de cette étrange femme ; ses traits de vautour déformés par les dernières agonies de la mort, ses yeux fixés, sa bouche haletante, étaient effrayants à regarder. Telle aurait pu être la terrible reine Frédégonde .

Le baron, à genoux à côté d'elle, essayait de lui redonner de l'animation ; mais je vis d'un coup d'œil que la malheureuse était en train de mourir, et ce ne fut pas sans un profond sentiment de pitié que je lui pris le bras.

— Laissez Madame tranquille, ne la touchez pas, s'écria le jeune homme avec irritation.

"Je suis chirurgien, Monseigneur ."

Il me regarda un instant en silence, puis se levant et me dit :

"Pardonnez-moi, monsieur ; je vous prie, pardonnez mon langage précipité."

Il trembla d'excitation, à peine encore maîtrisé, et bientôt il reprit :

"Quelle est votre opinion, monsieur ?"

"C'est fini, elle est morte !"

Puis, sans dire un mot, il s'assit sur une grosse pierre, le front appuyé sur sa main et son coude sur son genou, les yeux immobiles, immobiles comme une statue.

Je m'assis près du feu, regardant les flammes monter jusqu'au toit voûté de la grotte et projetant des reflets sinistres sur les traits rigides du cadavre.

Nous étions assis là depuis une heure, immobiles comme des statues, chacun plongé dans ses pensées, quand, levant brusquement la tête, le baron dit :

" Monsieur, tout cela me confond complètement. Voici ma mère — pendant vingt-six ans j'ai cru la connaître — et maintenant un abîme d'horribles mystères s'ouvre devant moi. Vous êtes médecin ; dites-moi, avez-vous jamais su quelque chose de pareil ? " terrible?"

« Monseigneur, répondis-je, le comte de Nideck est atteint d'un mal étonnamment semblable à celui dont votre mère paraît avoir souffert. Si vous avez assez confiance en moi pour me communiquer les faits que vous avez vous-même observés, je Je vous dirai volontiers ce que je sais moi-même ; car peut-être cet échange de nos expériences pourrait-il me fournir le moyen de sauver mon malade.

" Volontiers, monsieur ", répondit-il, et sans autre prélude il m'informa que la baronne de Bluderich , membre d'une des plus nobles familles de Saxe, faisait chaque année vers l'automne un voyage en Italie, sans autre accompagnatrice. un vieux domestique qui possédait toute sa confiance ; que cet homme, étant à l'article de la mort, avait désiré une entrevue privée avec le fils de son vieux maître, et qu'à cette dernière heure, poussé sans doute par les affres du remords, il avait dit au jeune homme que son La visite de ma mère en Italie n'était qu'un prétexte pour lui permettre de faire, avez-vous remarqué, une certaine excursion dans la Forêt-Noire, dont lui-même ignorait l'objet, mais qui devait avoir quelque chose d'effrayant dans son caractère, puisque la baronne revenait toujours. dans un état de prostration physique, en haillons, à moitié morte, et que seules des semaines de repos pourraient la remettre des horribles travaux de ces quelques jours.

C'était ce que prétendaient les révélations du vieux domestique au jeune baron, qui croyait ne faire qu'accomplir ainsi son devoir.

Le fils, désireux à tout sacrifice de connaître la vérité de ce récit, l'avait, l'année même, constaté, d'abord en suivant sa mère à Bade, puis en pénétrant à sa trace dans les gorges de la Forêt-Noire. Les pas que Sébalt avait suivis dans les bois étaient les siens.

Lorsque le baron m'eut ainsi fait part de ses connaissances, je crus ne pas devoir lui cacher l'influence mystérieuse que l'apparition de la vieille femme dans les environs du château exerçait sur le comte, ni les autres circonstances de cette inexplicable série d'événements. événements.

Nous étions tous deux étonnés de l'extraordinaire coïncidence entre les faits racontés, de l'attirance mystérieuse que ces êtres exerçaient inconsciemment l'un sur l'autre, du drame tragique qu'ils jouaient en union, de la familiarité que la vieille femme avait montrée avec le château et de son architecture. les passages les plus secrets, sans aucun examen préalable ; le costume qu'elle avait découvert pour accomplir cet acte secret, et qui ne pouvait être sorti que de quelque retraite mystérieuse que lui révélait l'étrange instinct de la folie. Enfin, nous étions d'accord qu'il y a des profondeurs inconnues, insondées dans notre être, et que le mystère de la mort n'est pas le seul secret que Dieu a voilé à nos yeux, bien qu'il puisse nous paraître le plus important.

Mais l'obscurité de la nuit commençait à céder la place aux teintes pâles de l'aube matinale. Une chauve-souris sonnait le départ des heures d'obscurité avec une note singulière qui ressemblait au gargouillis d'un liquide sortant d'un étroit goulot de bouteille. Un hennissement de chevaux se faisait entendre tout en haut du défilé ; puis, aux premiers rayons de l'aube, nous distinguâmes un traîneau conduit par le domestique du baron ; son fond était jonché de paille ; c'est là que le corps fut déposé.

Je montai à cheval, qui ne semblait pas fâché de se servir à nouveau de ses membres, engourdis par le fait de rester toute la nuit sur la glace et la neige. Je suivis le traîneau jusqu'à la sortie du défilé, quand, après une salutation grave, signe habituel de courtoisie entre la noblesse et le peuple, ils partirent en direction de Hirschland et je me dirigeai vers les tours du Nideck .

A neuf heures, j'étais en présence de mademoiselle Odile, à qui je fis le récit fidèle de tout ce qui s'était passé.

Puis, me rendant chez le comte, je le trouvai dans un état d'amélioration très satisfaisant. Il se sentait très faible, comme on pouvait s'y attendre après les secousses terribles des crises qu'il avait traversées, mais il avait repris la pleine possession de ses claires facultés, et la fièvre l'avait quitté la veille. Il y avait donc toutes les chances d'une guérison rapide.

Quelques jours plus tard, voyant le vieux seigneur en convalescence, j'exprimai le désir de retourner à Fribourg, mais il me supplia si instamment de rester tout à fait au Nideck , et m'offrit des conditions si honorables et si avantageuses, que je me sentis incapable de le faire. refuser de se conformer à ses souhaits.

Je me souviendrai longtemps de la première chasse au sanglier à laquelle j'eus l' honneur de participer avec le comte, et surtout du magnifique retour chez moi en procession aux flambeaux après avoir passé douze heures ensemble en selle.

Je venais de souper, et je montais complètement effondré dans la tour de Hugues Lupus, quand, passant devant la chambre de Sperver , dont la porte était entrouverte, des cris et des cris de joie parvinrent à mes oreilles. Je m'arrêtai, quand le spectacle le plus jovial éclata sur moi. Autour de l'immense table en chêne rayonnaient vingt visages carrés roses, brillants et rouges de santé et de plaisir.

La cuisson et le bruit des verres produisaient un tintement et un cliquetis incessants. Il y avait Sperver assis , avec son front autoritaire, ses moustaches arrosées de vin rhénan, ses yeux pétillants et ses cheveux gris un peu en désordre ; à sa droite se trouvait Marie Lagoutte , à sa gauche Knapwurst . Il levait le vieux gobelet en vermeil et ciselé, terni par le temps, et sur sa poitrine virile brillait la plaque d'argent de sa bandoulière, car, selon son habitude les jours de chasse, il portait encore l'uniforme de son bureau.

La couleur des joues de Marie Lagoutte , un peu plus rouges encore que d'habitude, annonçait une soirée de gaieté, et ses larges volants de casquette semblaient vouloir s'envoler à l'étranger ; elle riait, tantôt avec l'un, tantôt avec l'autre.

Knapwurst , accroupi dans son fauteuil, la tête à la hauteur du coude de Sperver , ressemblait à une grosse citrouille. Puis vint Tobias Offenloch , si rouge qu'on aurait cru qu'il s'était baigné le visage dans le vin rouge, adossé avec sa perruque sur le dossier de la chaise et sa jambe de bois étendue sous la table. Plus loin se profilait le long visage mélancolique de Sébalt , qui regardait avec un sourire maladif au fond de son verre à vin.

Outre ces dignes, étaient présents les serviteurs, hommes et femmes, comprenant toute cette petite communauté qui surgit autour du conseil d'administration des grands peuples du pays et qui leur appartient comme le lierre, la mousse et le liseron sauvage. appartiennent au monarque des forêts.

Sur la planche gémissante gisait un vaste jambon, affichant ses cercles concentriques roses et blancs. Puis, parmi les assiettes et les plats aux motifs gais, vinrent les bouteilles à long col contenant les produits des vignobles qui bordent le Rhin large et coulant : de longues pipes allemandes avec de petites chaînes d'argent et de longues lames d'acier brillantes.

La lumière de la lampe répandait sur toute la scène sa teinte ambrée et laissait dans l'ombre les vieux murs gris et tachés par le temps, où pendaient en grand nombre les circonvolutions d'airain des cors de chasse et des clairons.

Quelle photo originale ! La voûte résonnait de joyeux éclats de rire.

Sperver , comme je l'ai déjà dit, soulevait haut le pare-chocs plein et chantait la chanson de Black Hatto , le Burgrave,

"Je suis le roi de mes montagnes",

tandis que la rosée rose d' Afférthal pendait en tremblant à ses longues moustaches. Dès qu'il m'a aperçu , il s'est arrêté et m'a tendu la main :

"Fritz," dit-il, "nous ne voulions que toi. Il y a longtemps que je ne me suis pas senti aussi à l'aise que ce soir. De rien, mon vieux!"

Comme je le regardais avec surprise, car depuis la mort de Lieverlé je ne l'avais jamais vu sourire, il ajouta plus sérieusement :

"Nous célébrons le retour à la santé de Monseigneur et la Knapwurst nous raconte des histoires."

Tous les invités se tournèrent vers moi et je fus accueilli de tous côtés par des accueils bienveillants.

Je fus traîné par Sébalt , assis près de Marie Lagoutte , et trouvai un grand verre de vin de Bohême à la main avant d'avoir bien compris le sens de tout cela.

La vieille salle résonnait de joyeux éclats de rire, et Sperver , me jetant son bras autour du cou, tenant sa coupe haute, et avec un effort de gravité qui montrait bien que le vin lui montait dans la tête, il cria :

"Voici mon fils ! Lui et moi... moi et lui... jusqu'à la mort ! Voici la santé du docteur Fritz !"

La Knapwurst , debout le plus haut possible sur le siège de son fauteuil, un peu comme un navet à moitié divisé en deux, se pencha vers moi et me tendit son verre. Marie Lagoutte secouait les longues banderoles de sa casquette, et Sébalt , debout devant sa chaise, maigre et maigre comme l'ombre du jäger sauvage au milieu des bruyères, répétait : « Votre santé, docteur Fritz ! tandis que les flocons d'écume argentée coulaient le long de sa tasse et flottaient doucement sur le sol dallé de pierre.

Puis il y eut un moment de silence. Chaque invité a bu. Puis, dans un seul choc, tous les verres furent vigoureusement déposés sur la table.

"Bravo!" s'écria Sperver .

Puis se tournant vers moi...

" Fritz, nous avons déjà bu à la santé du comte et de mademoiselle Odile ; vous ferez de même. "

A deux reprises, j'ai dû vider la tasse sous les yeux vigilants de toute la table. Puis, moi aussi, j'ai commencé à avoir l'air grave. Serait-ce dû à la gravité ivre ? Un rayonnement lumineux semblait se répandre sur chaque objet ; des visages se détachaient brillamment de l'obscurité et me regardaient de plus près ; en vérité, il y avait des visages jeunes et âgés, jolis et laids, mais tous rayonnaient sur moi avec bonté, amour et tendresse ; mais c'était le plus jeune, à l'autre bout de la table, dont les yeux brillants m'attiraient, et nous échangâmes de longs et mélancoliques regards, pleins d'affection et de sympathie !

Sperver ne cessait de fredonner et de rire. Posant soudain la main sur le dos difforme du nain, il s'écria :

"Silence ! Voici Knapwurst , notre historien et chroniqueur ! Il s'apprête à parler. Cette bosse renferme toute l'histoire de la maison Nideck depuis la nuit des temps !"

Le petit bossu, nullement indigné d'un compliment aussi ambigu, dirigea ses yeux bienveillants vers la figure du chasseur, et répondit :

" Toi, Sperver , tu es un des *reiters* dont je t'ai raconté l'histoire. Tu as le bras, le courage et les moustaches d'un *reiter* d'autrefois ! Si cette fenêtre s'ouvrait grande et qu'un *reiter* devait tenir le coup. sa main au bout de son long bras, que lui dirais-tu ?

"Je disais : 'De rien, camarade ; asseyez-vous et buvez. Vous trouverez le vin tout aussi bon et les filles aussi jolies qu'elles l'étaient au temps du vieux Hugh Lupus.' Regarder!"

Et il désignait avec son verre les jeunes visages joyeux qui égayaient l'autre bout de la table.

Certes, les demoiselles du Nideck étaient charmantes. Certains rougissaient de plaisir en entendant leurs propres louanges ; d'autres voilaient à moitié leurs joues roses avec leurs longs cils tombants, tandis qu'un ou deux semblaient plutôt préférer montrer leurs doux yeux bleus en les levant vers le plafond enfumé. Je m'étonnais de ma propre insensibilité de n'avoir jamais remarqué auparavant ces belles roses qui fleurissaient dans les tours de l'ancien manoir.

"Silence!" s'écria Sperver pour la seconde fois. "Notre ami Knapwurst va nous raconter encore la légende qu'il nous a racontée tout à l'heure."

"Tu n'en veux pas un autre à la place ?" demanda le bossu.

"Non. C'est ce que je préfère."

"J'en connais de meilleurs que ça."

" Knapwurst ", insista le chasseur en levant le doigt d'une manière impressionnante, " j'ai des raisons de souhaiter entendre à nouveau la même chose et pas une autre. Coupez-le plus court si vous voulez. Il y a beaucoup de choses là-dedans. Maintenant, Fritz, écoute ! "

Le nain, un peu sous l'influence du vin mousseux qu'il avait bu, appuya ses coudes sur la table, et, les joues serrées dans ses doigts osseux, et les yeux sortant de sa tête avec ses efforts concentrés pour parler avec un sérieux convenable, il s'écria comme s'il publiait une proclamation...

"Bernard Hertzog raconte que le burgrave Hugues, surnommé Lupus, ou le Loup, portait lorsqu'il était vieux, un capuchon, sorte de bonnet tricoté qui recouvrait la crête du casque du chevalier lorsqu'il combattait. Le casque le fatiguait, il l'enlevait et enfilait le capuchon tricoté, dont la longue cape tombait sur ses épaules.

"Jusqu'à sa quatre-vingt-deuxième année, Hugh portait encore son armure , même s'il pouvait à peine respirer dedans.

"Puis il envoya chercher Otto de Burlach , son aumônier, son fils aîné Hugh, son deuxième fils Berthold et sa fille la rousse Bertha, épouse d'un chef saxon nommé Bluderich , et leur dit :

""Ta mère la louve t'a légué ses griffes; son sang coule mêlé au mien dans tes veines. En toi le sang du loup coulera de génération en génération; il pleurera

et hurlera parmi les neiges de la Forêt Noire. . Certains diront : « Écoutez !
Le vent hurle ! » d'autres : « Non, c'est la chouette qui hulule ! » Mais non ;
c'est ton sang, le mien et le sang de la louve qui m'a poussé à assassiner
Hedwige , ma femme devant Dieu et l'Église. Elle est morte sous mes mains
sanglantes ! Maudite soit la louve ! car il est écrit : "Je punirai les péchés des
pères sur les enfants." Le crime du père sera puni sur les enfants jusqu'à ce
que la justice soit satisfaite. !'

"Puis le vieux Hugues le Loup est mort.

"Depuis ce triste jour, le vent du nord a hurlé à travers les étendues sauvages,
et la chouette a hué dans l'obscurité, et les voyageurs nocturnes ne savent pas
que c'est le sang de la louve qui pleure pour le jour de vengeance qui viendra,
dont le sang se renouvellera de génération en génération, ainsi dit Hertzog,
jusqu'au jour où la première épouse d'Hugues, Hedwige la Belle, réapparaîtra
au Nideck sous la forme d'un ange pour réconforter et pardonner !

Alors Sperver , se levant de son siège, prit une lampe, demanda à Knapwurst
les clés de la bibliothèque et me fit signe de le suivre.

Nous traversâmes rapidement la longue galerie sombre, puis l' armurerie , et
bientôt la salle des archives apparut au fond du grand couloir.

Tous les bruits s'étaient éteints au loin. L'endroit semblait assez désert.

Une ou deux fois , je me retournai et pus alors voir avec un sentiment d'effroi
rampant nos deux longues ombres fantastiques de façon fantomatique se
tordant dans d'étranges déformations sur la haute tapisserie.

Sperver ouvrit rapidement la vieille porte en chêne, et, la torche levée, les
cheveux hérissés en désordre et les traits excités, entra le premier. Debout
devant le portrait d' Hedwige , dont la ressemblance avec la jeune comtesse
m'avait frappé lors de notre première visite à la bibliothèque, il m'adressa ces
paroles solennelles :

"Voici celle qui devait revenir me réconforter et me plaindre ! Elle est revenue
! En ce moment elle est en bas avec le vieux comte. Écoute bien, Fritz ; la
reconnaissez- vous ? N'est-ce pas Odile ?"

Passant ensuite à la photo de la seconde épouse de Hugh...

"Voici," dit-il, "est Huldine , la louve. Depuis mille ans, elle a pleuré dans les
gorges profondes des forêts de pins du Schwartzwald; elle a été cause de la
mort du pauvre Lieverlé ; mais désormais les seigneurs du Nideck puisse
reposer en sécurité, car la justice est rendue, et le bon ange de cette maison
seigneuriale est revenu ! »

# MYRTE.

---

## CHAPITRE I.

Tout au bout du village de Dosenheim , en Alsace, à une cinquantaine de mètres du chemin de gravier qui mène au bois, se trouve une jolie chaumière entourée d'un verger, le toit plat chargé de gros cailloux, le pignon regardant vers le bas. la vallée.

Des vols de pigeons tournent autour, les poules grattent et ramassent ce qu'elles peuvent sous les clôtures, le coq se dresse majestueusement sur le muret du jardin et sonne la *réveillée* , ou la retraite, pour que se répètent les échos de Falberg ; un escalier extérieur, avec sa rampe de bois, sur laquelle pendent le linge de la petite maison, mène au premier étage, et une vigne grimpe sur la façade et étend ses branches feuillues de côté et d'autre.

Si vous montez seulement ces marches, vous verrez au bout de l'entrée étroite la cuisine, avec son buffet et ses assiettes et plats d'étain, ses soupières gonflées comme des ballons ; ouvrez la porte de droite et vous êtes dans le salon avec ses meubles en chêne sombre, son plafond traversé de chevrons bruns tachés de fumée et sa vieille horloge de Nuremberg qui claque de façon monotone.

Ici est assise une femme de trente-cinq ans, qui tourne et rêve, la taille cerclée d'un long corsage de taffetas noir , et la tête couverte d'une coiffe de velours, avec de longs rubans.

Un homme en habit de velours à large jupe, avec une culotte de même, et au front fin et ouvert, l'air calme et pensif, fait se balancer sur ses genoux un beau et gros garçon, qui siffle l'appel de « botte et selle ».

Là se trouve le village tranquille au fond de la vallée, encadré, lorsque vous êtes assis, dans la petite fenêtre du chalet ; la rivière saute par-dessus le barrage-moulin et traverse la rue sinueuse ; les vieilles maisons, avec leurs avant-toits profonds et sombres, leurs granges, leurs fenêtres à pignon, leurs filets séchant au soleil ; les jeunes filles, agenouillées au bord de la rivière sur les pierres, lavant le linge ; le bétail se prélassait paresseusement pour boire et beuglait gravement au milieu des saules ; les jeunes bergers faisant claquer leurs fouets ; le sommet de la montagne, déchiqueté comme une scie par les cimes pointues des sapins - tous ces objets ruraux se reflètent dans le courant bleu du ruisseau, seulement interrompu par les flottes de canards qui descendent ou par le passage occasionnel d'un vieil arbre enraciné dans la montagne. -côté.

En regardant tranquillement ces choses, vous êtes impressionné par le sentiment de facilité et de confort dont elles parlent, et vous êtes ému de gratitude envers le Donateur de tout bien.

Eh bien, mes chers amis et voisins , telle était la chaumière des Brémers en 1820, tels étaient Brémer lui-même, sa femme Catherine et leur fils le petit Fritz.

À mon avis, ils se présentent exactement tels que je vous les ai décrits.

Christian Brémer avait servi dans les chasseurs de la Garde Impériale. Après 1815, il avait épousé Catherine, sa vieille amie, un peu plus âgée, mais toute fraîche, toute blonde et pleine de grâce. Avec sa petite propriété, sa maison et ses quatre ou cinq arpents de vigne, auxquels s'ajoutait celle de Catherine, Brémer était devenu l'un des bourgeois les plus conséquents de Dosenheim ; il aurait pu être maire, ou adjoint, ou conseiller municipal , mais ces honneurs n'avaient aucun attrait pour lui ; et ce qui lui plaisait le plus, c'était, une fois le travail terminé, de démonter son vieux fusil, de siffler Friedland et de l'emmener faire un tour dans les bois.

Or il arriva un jour que ce brave homme, rentrant chez lui après une journée de chasse, apportait dans son sac une petite bohémienne de deux ou trois ans, vive comme un écureuil et brune comme une noisette. Il l'avait trouvée dans le paquet d'une malheureuse bohémienne morte de fatigue ou de faim, ou les deux, au pied d'un arbre.

Vous imaginez bien le tollé que Catherine a soulevé contre ce nouveau membre non invité de sa famille. Mais comme Brémer était maître de sa propre maison, il annonça simplement à sa femme que l'enfant serait baptisée du nom de Susanna Frederica Myrtle, et qu'elle serait élevée avec le petit Fritz.

Bien entendu, toutes les femmes de la place, jeunes et vieilles, venaient faire leurs observations sur la petite bohémienne, dont l'expression sérieuse et réfléchie les surprenait.

« Ce n'est pas un enfant comme les autres », disaient-ils ; " C'est une païenne, une bien païenne ! Vous voyez à ses yeux qu'elle comprend chaque mot ! Elle écoute maintenant ! Attention à ce que je dis, maître Christian ! Les Tziganes ont des griffes au bout des doigts. Si vous voulez bien élever des jeunes furets et belettes , vous ne devez pas vous attendre à ce que vos volailles soient en sécurité. Elles auront le contrôle de toute la cour de la ferme !

"Va t'occuper de tes affaires !" cria Brémer . « J'ai vu des Russes et des Espagnols, j'ai vu des Italiens, des Allemands et des Juifs ; certains étaient bruns, d'autres noirs, certains blancs et d'autres rouges ; certains avaient un nez long et d'autres un nez rabattu, mais je J'ai trouvé de bons gars parmi eux tous.

" Très probablement ", dirent les dames, " mais ces gens-là vivaient dans des maisons, et les bohémiens vivent en plein air. "

Il ne répondit pas à cet argument, mais, avec toute la politesse possible, il les écarta par les épaules.

"Va-t'en", cria-t-il; "Je ne veux pas de vos conseils. Il est temps d'aérer les chambres, et ensuite je dois aller m'occuper des écuries."

Mais, après tout, les conseils rejetés n'étaient pas si mauvais, comme l'événement le montra malheureusement douze ou quatorze ans après.

Fritz était toujours ravi de nourrir le bétail, d'emmener les chevaux à l'étang, de suivre son père et d'apprendre à labourer et à semer, à moissonner et à faucher, à attacher les gerbes et à les ramener à la maison. Mais Myrtle n'avait aucune envie de traire les vaches, de baratter le beurre, les pois écosse ou d'éplucher les pommes de terre.

Lorsque les jeunes filles de Dosenheim , sortant le matin pour laver leur linge à la rivière, l'appelaient la *païenne* , elle se mirait avec complaisance dans la fontaine, et après avoir admiré ses longues tresses sombres, ses lèvres violettes, ses dents blanches, son collier de fruits rouges, elle souriait et se murmurait :

« Ah ! on me traite de païenne seulement parce que je suis plus jolie qu'eux », et elle trempait le bout de son petit pied dans la fontaine et riait.

Mais Catherine ne pouvait approuver une telle conduite et dit :

" Myrte n'est pas la moindre bonne pour nous. Elle ne fait rien d'utile. Cela ne sert à rien que je prêche, que je conseille et que je gronde, elle fait tout de travers. L'autre jour, quand nous " Nous rangeions des pommes dans le placard, elle prenait des bouchées des meilleures pour voir si elles étaient mûres ! Elle n'a d'autre plaisir qu'à engloutir le meilleur de tout. "

Brémer lui-même ne pouvait s'empêcher d'admettre qu'il y avait en elle un esprit très païen lorsqu'il entendait sa femme crier du matin au soir : « Myrte, Myrte ! où es-tu maintenant ? Ah ! coquine, mauvaise fille ! elle s'est enfuie dans les bois. encore une fois pour cueillir des mûres. Mais il riait tout seul et plaignait la pauvre Catherine, qu'il comparait à une poule avec une couvée de canetons.

Chaque année, après la récolte, Fritz et Myrtle passaient des journées entières loin de la ferme, faisant paître le bétail, chantant et sifflant, faisant cuire des pommes de terre sous la cendre, et descendant la colline rocheuse le soir en sonnant du cor du berger.

Ce furent certains des jours les plus heureux de Myrtle. Assise devant les tiges de chanvre brûlantes, son joli visage brun entre ses mains, elle se perdait dans des rêveries sans fin.

Les longues files de canards et d'oies sauvages qui parcourent, vers la fin de l'automne, les cieux sans limites s'étendant depuis les montagnes de l'est jusqu'aux collines de l'ouest, semblaient avoir un effet déprimant sur son esprit. Elle les suivait avec des yeux impatients, les tendant comme pour rattraper les oiseaux sauvages au loin ; et tout à coup elle se levait, ouvrait les bras et criait :

"Je dois y aller ! Je dois y aller ! Je ne peux pas rester !"

Alors elle pleurait la tête baissée, et Fritz, la voyant en larmes, pleurait aussi en demandant :

"Pourquoi pleures-tu, Myrtle ? Est-ce que quelqu'un t'a fait du mal ? Est-ce l'un des garçons du village ? Kasper, Wilhelm, Heinrich ? Dis-le-moi seulement, et je le renverserai immédiatement ! Raconte-le !"

"Non, ce n'est pas ça."

"Eh bien, pourquoi pleures-tu ?"

"Je ne sais pas."

"Veux-tu courir jusqu'au Falberg ?"

"Non, ce n'est pas assez loin."

"Où veux-tu aller?"

" Là-bas ! là-bas ! toujours aussi loin ! où vont les oiseaux. "

Cela fit que Fritz ouvrit grand les yeux et la bouche.

Un jour de septembre, alors qu'ils flânaient au bord des bois, vers midi, la chaleur était si grande et l'air si calme que la fumée de leur petit feu, au lieu de s'élever droit dans l'air, tombait comme de l'eau et se glissait parmi les bruyères. La sauterelle avait cessé son gazouillis sourd et monotone, on n'entendait plus le bourdonnement d'une mouche, ni le gazouillis d'un oiseau. Les bœufs et les vaches, les yeux endormis à moitié fermés, les genoux fléchis sous eux, se reposaient ensemble sous un chêne étendu dans la prairie, meuglant de temps à autre d'une manière lente et prolongée, comme pour protester vainement contre un temps aussi chaud.

Fritz avait commencé par tresser les brins de son fouet, mais il ne tarda pas à se coucher dans les hautes herbes, son chapeau sur les yeux, et Friedland vint se coucher près de lui, bouche bée jusqu'aux oreilles.

Myrte seule ne souffrit aucun inconvénient de la chaleur accablante ; assise par terre près du feu, les bras enroulés autour de ses genoux, en plein soleil, ses grands yeux noirs parcouraient lentement les arches sombres formées par les branches de la forêt.

Le temps passait lentement. L'horloge du village lointain avait sonné midi, puis une, puis deux, et le jeune bohémien ne bougeait plus. Dans les bois et les sommets déchiquetés, les rochers, les forêts, descendant dans les vallées, elle entendit quelque appel mystérieux. Ils lui parlèrent dans une langue qui ne lui était pas inconnue.

« Oui, se dit-elle, oui, j'ai déjà vu tout cela, il y a longtemps, il y a longtemps.

Puis, jetant un coup d'œil rapide et aigu à Fritz, qui dormait profondément, elle se releva et commença à voler. Ses pas légers courbaient à peine l'herbe sous elle ; elle courait encore et encore, jusqu'en haut de la colline ; Friedland tourna la tête avec un regard insouciant, puis étendit de nouveau ses membres languissants et se prépara à dormir.

Le myrte a disparu au milieu des ronces qui bordent le bois commun. D'un bond, elle franchissait le fossé boueux où une seule grenouille coassait parmi les joncs, et vingt minutes après elle atteignait le sommet de la Roche Creuse , d'où l'on a une large vue sur l'Alsace et les cimes bleues des Vosges.

Puis elle se retourna pour voir si quelqu'un la suivait. Elle distinguait encore Fritz endormi dans la prairie verte, son chapeau sur les yeux, et Friedland et le bétail endormi sous leur arbre.

Plus loin, elle voyait le village, la rivière, le toit de la ferme avec ses vols de pigeons qui tourbillonnaient ; la longue rue tortueuse et les femmes en jupon rouge qui se promènent tranquillement de long en large ; la petite église couverte de lierre où le bon *curé* Nicolas l' avait baptisée dans la foi chrétienne et l'avait ensuite confirmée.

Et lorsqu'elle eut suffisamment contemplé ces objets, tournant son visage de l'autre côté vers la montagne, elle fut remplie de plaisir de remarquer comment les sapins encombrés couvraient les flancs des collines, jusqu'à leur plus haute crête, aussi proches que l'herbe de la montagne. des champs.

A la vue de toute cette grandeur, la jeune bohémienne sentit son cœur battre et se dilater avec une joie inconnue, et, courant de nouveau, elle s'élança à travers une brèche entre les rochers, bordée de mousses et de fougères, pour rejoindre le sentier battu à travers les bois.

Son âme entière, son âme sauvage et inexpérimentée, se précipitait avec elle et la poussait en avant, enflammant son visage d'une nouvelle ardeur . De ses mains elle s'accrochait au lierre, de ses pieds nus elle s'accrochait aux saillies et aux anfractuosités pour pousser son chemin.

Bientôt, elle se retrouva sur l'autre versant, courant, trébuchant, sautant, s'arrêtant parfois pour contempler les objets environnants : un grand arbre, un ravin, une nappe d'eau solitaire ou un étang plein de fleurs et de plantes aquatiques odorantes.

Même si elle ne se souvenait pas d'avoir jamais vu ces bosquets , ces clairières, ces bruyères, à chaque détour du chemin elle se disait : « Là, je le savais ! Je savais que cet arbre serait là ! J'étais sûre de ce rocher ! Et il y a la cascade juste en dessous ! Même si mille souvenirs étranges passaient dans son esprit en éclairs momentanés, comme des visions soudaines, elle ne pouvait pas tout comprendre et ne pouvait rien expliquer. Elle n'avait pas encore pu se dire : « Ce que Fritz et les autres veulent pour leur bonheur, c'est le village, et la prairie, et la ferme, et les arbres fruitiers, et le verger, et la ferme. les vaches laitières et les poules pondeuses, l'abondance dans la cave, l'abondance dans le grenier, et un bon feu de cheminée en hiver. Mais qu'ai-je à voir avec toutes ces choses ? Ne suis-je pas né païen, tout à fait un païen ? Je suis né dans les bois, comme l'écureuil est né dans un chêne, comme un faucon a éclos sur le rocher et la grive dans le sapin !

Il est vrai qu'elle n'avait jamais pensé à ces choses-là, mais elle se laissait guider par son instinct ; et cette force mystérieuse l'entraînait inconsciemment, au coucher du soleil, vers les landes nues de la Kohle Platz, où les bandes de bohémiens qui errent entre l'Alsace et la Lorraine ont l'habitude de passer la nuit et de suspendre leurs bouilloires au milieu des bruyères sèches.

Ici, Myrte s'assit au pied d'un vieux chêne, fatiguée, endolorie et en haillons ; et là elle resta longtemps immobile, regardant l'espace vide, écoutant le bruissement du vent parmi les grands sapins, heureuse et se sentant toute seule dans la grande solitude.

La nuit est venue. Les étoiles éclataient par milliers dans les profondeurs violettes du ciel d'automne. La lune se levait et argentait d'une douce lumière les tiges blanches des bouleaux qui pendaient en groupes gracieux le long des flancs des montagnes.

La jeune gitane commençait à s'endormir lorsque des cris lointains lui donnèrent envie de fuir.

Écoutez ! Elle connaît les voix ! Ce sont ceux de Brémer , de Fritz, et de tous les gens de la ferme qui la recherchent !

Puis, sans un instant d'hésitation, Myrtle s'envola, légère comme un chevreuil, plus loin dans la forêt, ne s'arrêtant qu'à de longs intervalles pour écouter attentivement et anxieusement.

Les cris s'éteignirent au loin, et bientôt le seul son qu'elle entendit fut les battements bruyants de son propre cœur, et elle reprit son chemin d'un pas moins rapide.

Très tard, lorsque les rayons de la lune devinrent moins brillants, ne pouvant plus résister à sa fatigue, elle se laissa tomber sur la bruyère et s'endormit profondément.

Elle était à quatre lieues de Dosenheim , près de la source du Zinzel . Brémer ne viendrait probablement pas si loin pour la chercher.

---

# CHAPITRE II.

Il faisait grand jour lorsque Myrte se réveilla au milieu des profondes solitudes du Schlossberg, sous un vieux sapin envahi de mousse et de lichen. Une grive sifflait au-dessus de nous ; un autre répondait au loin, dans la vallée. La brise du matin attisait le feuillage bruissant ; mais l'air, déjà chaud, était chargé des doux parfums du lierre terrestre, du chèvrefeuille, de l'aspérule et des ronces.

La jeune gitane ouvrit les yeux avec étonnement en se rappelant avec surprise et ravissement que la voix de Catherine ne la troublerait plus, l'appelant : « Myrte ! Myrte ! où es-tu, enfant oisive ? elle souriait et écoutait ce qui lui faisait plaisir, le chant de la grive parmi les arbres.

Tout près, une source jaillissait d'une fente ; il suffisait à la jeune fille de se retourner pour voir le ruisseau vivant couler, étincelant et clair, au milieu des hautes herbes. Du rocher au-dessus de nous pendait un arbousier chargé de son magnifique chargement de baies écarlates.

Même si Myrtle avait soif, elle se sentait trop oisive pour se déplacer parmi toute cette beauté et toute cette harmonie, et elle laissa tomber son joli visage brun, souriant et admirant la lumière du jour à travers ses longs cils noirs.

"C'est comme ça que je serai toujours", a-t-elle déclaré. "Comment puis-je m'en empêcher ? Je suis une fille oisive. J'ai été créée ainsi."

En rêvant de cette façon paresseuse, l'image de la cour de la ferme lui vint à l'esprit, avec le fier coq se pavanant parmi ses poules, puis elle se souvint des œufs, de la façon dont on les trouvait dans la paille dans un coin de la grange.

« Si j'avais quelques œufs durs, pensa-t-elle, comme ceux que Fritz avait hier dans son sac, avec une croûte de pain et un peu de sel, cela me plairait beaucoup. Mais qu'est-ce que cela signifie ? Vous ne pouvez pas avoir d'œufs, vous avez des mûres et des myrtilles .

Un parfum de myrtilles fit se dilater ses petites narines d'attente.

« Il y en a ici, dit-elle ; "Je peux les sentir."

Elle avait raison. Le bois en était plein.

Une minute plus tard, n'entendant pas le muguet, elle se souleva sur son coude et aperçut l'oiseau qui cueillait les baies d'arbousier.

Puis elle alla au ruisseau, prit dans sa main creuse un peu d'eau claire et remarqua qu'il y avait beaucoup de cresson.

Puis elle se souvint de ce à quoi elle n'avait jamais pris la peine de penser auparavant, quelques paroles du curé *Niclausse* sur les oiseaux du ciel que Dieu avait pourvus, et les lys des champs qui étaient plus beaux que la gloire de Salomon, et elle se souvint de la leçon sur le fait de ne pas s'inquiéter de la nourriture et des vêtements, et pensa que cela lui conviendrait parfaitement, car elle ne pensait à aucun des enseignements du même grand Maître sur l'industrie, la frugalité et la vie honnête, et ainsi elle arriva à la conclusion satisfaisante que les vrais païens étaient Catherine et tout son peuple, qui étaient assez stupides et méchants pour labourer, semer et récolter, alors qu'elle était la bonne chrétienne, parce qu'elle était aussi oisive que la journée était longue.

Elle était encore en train de s'attarder sur ces déductions satisfaisantes, lorsqu'il y eut un bruissement soudain parmi les feuilles mortes et un bruit de pas.

Elle était sur le point de s'enfuir lorsqu'un garçon bohémien de dix-huit ou vingt ans apparut devant elle, un grand garçon souple et brun avec d'épais cheveux laineux, des yeux noirs brillants et des lèvres épaisses entrouvertes.

Ses yeux brillaient alors qu'il pleurait :

« Almani !

« Almani ! répondit Myrtle, émue avec beaucoup d'intérêt.

"Ha, ha!" s'écria le garçon, avec quelle bande allez-vous ?

"Je ne sais pas, je le cherche."

Et sans aucune dissimulation, elle lui raconta comment Brémer l'avait trouvée et élevée, et comment elle s'était enfuie hier de chez lui.

Le jeune bohémien sourit et montra une longue double rangée de dents blanches.

"Je vais à Hazlach ", cria-t-il. " Demain, il y a une *fête* là-bas ; notre musique sera là : Pfiffer Karl, Melchior, Mésange Bleue, Fritz le clarinette , Coucou -

Pierre et Magpie. Les femmes vont deviner la bonne aventure et nous jouons de la musique. Si tu veux, tu peux venir avec moi. »

"Je le ferai", dit Myrtle en baissant les yeux.

Alors il l'embrassa, lui posa son sac sur le dos, et saisissant son bâton à deux mains, il s'écria :

"Maintenant tu es ma femme ! Tu porteras le sac pour moi et je te garderai. En avant !"

Et maintenant, Myrtle, paresseuse comme elle l'avait toujours été à la ferme, partit avec toute la bonne volonté possible.

Il la suivit en chantant et en se retournant sur ses mains et ses pieds pour exprimer sa joie !

Depuis ce jour, on n'a plus jamais entendu parler de Myrtle.

Fritz faillit mourir de chagrin lorsqu'il découvrit qu'elle ne revenait pas ; mais quelques années plus tard, il trouva du réconfort en épousant Gredel Dich, la fille du meunier, une belle, grosse et active fille, qui fit de lui une excellente épouse ; et Catherine, sa mère, était très contente, car Gredel Dich était une véritable héritière !

Seul Brémer ne pouvait se consoler ; il aimait Myrtle comme si elle eût été sa propre enfant, et il tombait visiblement de jour en jour.

Un jour d'hiver, alors qu'il s'était levé et regardait par la fenêtre, il aperçut une jolie gitane en haillons qui traversait le village couverte de neige et avec un lourd sac sur les épaules, et il se rassit en poussant un profond soupir. .

"Qu'as-tu, Brémer ?" demanda sa femme.

Il n'y avait pas de réponse. Elle s'est approchée. Ses yeux se fermaient. Là, il gisait mort.

# L'HÉRITAGE DE L'ONCLE CHRISTIAN

A la mort de mon excellent oncle Christian Hâas , bourgmestre de Lauterbach, j'avais une bonne situation comme maître de chapelle , ou chantre, sous le grand-duc Yeri Pierre, avec un salaire de quinze cents florins, malgré quoi j'étais encore un homme pauvre.

Oncle Christian savait exactement où j'étais et pourtant il ne m'avait jamais envoyé de Kreutzer . Aussi , quand j'appris qu'il m'avait laissé propriétaire de deux cents acres de riches terres de vergers et de vignes, d'une bonne partie de bois et de sa grande maison à Lauterbach, je ne pus m'empêcher de verser des larmes de gratitude.

« Mon cher oncle, m'écriai-je, je peux maintenant apprécier la profondeur de votre sagesse, et je vous remercie très sincèrement de votre judicieuse inlibéralité. Où serait maintenant l'argent, à supposer que vous m'aviez envoyé quelque chose ? Philistins, sans doute ; tandis que par vos prudentes lenteurs vous avez sauvé le pays, comme un autre Fabius Cunctator…

"'Qui cunctando restituit rem...

" J'honore votre mémoire, oncle Christian ! Effectivement !"

Après m'être délivré de ces sentiments profonds et de bien d'autres dans lesquels je ne puis entrer maintenant, je montai à cheval et partis pour Lauterbach.

N'est-il pas étrange que l'Esprit d'Avarice, jusqu'alors tout à fait étranger pour moi, soit venu faire ma connaissance ?

"Caspar!" murmura-t-il, "maintenant vous êtes un homme riche ! Jusqu'ici de vaines ombres ont rempli votre esprit. Un homme doit être un imbécile pour poursuivre la gloire. Il n'y a rien de solide que des acres, des bâtiments et des pièces de monnaie, mis en hypothèques sûres. " Jetez de côté toutes vos vaines illusions ! Élargissez vos limites, arrondissez votre domaine, accumulez de l'argent, et alors vous serez honoré et respecté ! Vous serez bourgmestre comme votre oncle l'était avant vous, et les gens de la campagne, quand ils vous verront. venant à un kilomètre de là, enlèveront leurs chapeaux et diront : « Voici Monsieur Caspar Hâas , l'homme le plus riche et le plus grand *homme* du pays. »

Ces notions passaient et repassaient dans mon esprit comme les figures d'une lanterne magique, d'un pas grave et mesuré. Tout cela me paraissait tout à fait raisonnable.

C'était la mi-juillet. L'alouette gazouillait dans le ciel. Les récoltes ondulaient dans la plaine, les brises douces portaient sur elles le doux cri des cailles et des perdrix parmi les blés sur pied ; le feuillage brillait au soleil, et la Lauter courait sous les saules ; mais qu'est-ce que tout cela me faisait, le grand bourgmestre ? Je gonflai mes joues et arrondis ma silhouette en prévision de l'apparence corpulente que je devais présenter, et je me répétais ces délicieuses observations :

"C'est Monsieur Caspar Hâas ; c'est un homme très riche ! C'est le premier *herr* du pays ! Allez, Blitz !"

Et le canasson s'avança au trot.

J'avais hâte d'essayer le tricorne et le gilet écarlate de mon oncle. " S'ils me conviennent, " dis-je, " à quoi ça sert d'acheter ? "

Vers quatre heures de l'après-midi, le village de Lauterbach apparaissait au fond de la vallée, et j'étais très fier en contemplant la haute et belle maison de feu Christian Hâas , ma future demeure, le centre de ma propriété, réelle et spéculative. J'admirais sa situation par la longue route poussiéreuse, son vaste toit de bardeaux gris, les hangars et les granges couvrant de leur large étendue les chariots, les charrettes et les récoltes ; derrière, la basse-cour, puis le petit jardin, le verger, les vignes en haut de la colline, les vertes prairies plus loin.

J'ai ri de plaisir devant tout ce confort et ce luxe.

Tandis que je descendais la rue principale, les vieilles femmes dont le nez et le menton se rejoignaient presque à l'extrémité, les enfants nus et aux cheveux en lambeaux, les hommes coiffés de leurs casquettes en peau de loutre et leurs pipes à chaîne d'argent à la bouche, tous regardaient vers moi. moi, et salue-moi respectueusement...

"Bonjour, Monsieur Caspar ! Comment allez-vous, Monsieur Hâas ?"

Et toutes les petites fenêtres étaient remplies de visages étonnés. Je suis à la maison maintenant; Il me semble que j'ai toujours été un grand propriétaire à Lauterbach et un notable. La vie de mon maître de chapelle semble un rêve, une chose du passé, mon penchant enthousiaste pour la musique une folie de jeunesse ! Comme l'argent modifie la façon dont les hommes voient les choses !

Et maintenant je tire la bride devant la maison du notaire du village, Monsieur Becker. Il a mes titres de propriété sous sa garde et doit me les remettre. J'attache mon cheval à l'anneau de la porte, je monte les marches en courant, et le vieux scribe, le crâne chauve très respectueusement découvert, et sa longue taille maigre, vêtu d'une robe de chambre verte à jupes amples, s'avance seul pour recevoir. moi.

"Monsieur Caspar Hâas , j'ai l' honneur de vous saluer."

"Votre serviteur, Monsieur Becker."

"Entrez, monsieur Hâas , je vous en prie ."

"Après vous, monsieur, après vous."

Nous traversons le vestibule, et je trouve au fond d'une petite pièce propre et bien aérée une table joliment et confortablement dressée, et assise à côté d'elle une jeune fille rose et aux couleurs fraîches , l'image même de la modestie et de la convenance.

Le vénérable notaire m'annonça...

"Monsieur Caspar Hâas !"

Je me suis incliné.

"Ma fille Lothe !" ajouta le brave homme.

Et pendant que je sentais en moi un goût renaissant pour le beau et que j'admirais le joli petit nez potelé de mademoiselle Lothe , les lèvres roses et les grands yeux bleus, sa petite taille délicate et ses mains fossettes, maître Becker m'invita à m'asseoir. à table, m'informant qu'il m'attendait, et qu'avant d'entrer dans les affaires, il serait bon de prendre un petit rafraîchissement, un verre de Bordeaux, etc., invitation dont je reconnaissais parfaitement l' opportunité, et ce que j'ai accepté très volontiers.

Et donc nous nous asseyons. On parle d'abord du beau pays. Et je me fais une opinion sur le vieux monsieur, et je me demande ce qu'un notaire est susceptible de gagner à Lauterbach !

"Mademoiselle, voulez-vous prendre une aile ?"

"Monsieur, vous êtes très gentil ; merci, je le ferai."

Lothe baisse les yeux timidement. Je remplis son verre dans lequel elle trempe ses lèvres roses. Papa est de bonne humeur ; il me parle de chasse et de pêche.

" Bien sûr , Monsieur Hâas vivra comme nous à la campagne. Nous avons d'excellents terriers à lapins. Les rivières regorgent de truites. La chasse dans les forêts est laissée libre. Les gens passent la plupart de leurs soirées à l'auberge. Monsieur l'inspecteur des bois et Forests est un charmant jeune homme. Le *juge de paix* est un excellent joueur de whist, etc., et ainsi de suite.

J'écoute et je pense que toute cette vie tranquille doit être délicieuse. Mademoiselle Lothe me plaît beaucoup. Elle ne parle pas beaucoup, mais elle sourit et a l'air si agréable ! Comme elle doit être aimante et aimable !

Enfin le café arriva, puis le kirschwasser . Mademoiselle Lothe prend sa retraite et le vieil avocat passe peu à peu aux affaires. Il m'explique la nature des biens de mon oncle et je l'écoute attentivement. Aucune partie du testament n'était contestée ; il n'y avait ni legs, ni hypothèque. Tout est clair et direct. Joyeux Caspar ! Homme heureux!

Ensuite, nous sommes allés au bureau pour examiner les actes. L'air confiné de ce lieu de travail aride et dur, ces longues rangées de cartons, les dossiers de factures, tout cela ensemble m'a fait sortir de la tête de faibles notions d'amour. Je m'assis dans un fauteuil pendant que M. Becker, rassemblant ses pensées, remettait ses lunettes à corne sur son nez long et pointu.

« Ces actes concernent votre prairie d' Eichmatt . Là, monsieur Hâas , vous avez cent arpents d'excellente terre, la plus belle et la mieux arrosée de la commune ; on en tire deux et même trois récoltes par an. rapporte quatre mille francs de rente. Voici les titres de propriété de vos terres viticoles à Sonnenthâl , trente-cinq arpents en tout. D'une année sur l'autre, vous pourrez tirer de ces deux cents hectolitres (4,400 gallons) de vin léger, vendu par terre à douze ou quinze francs l' hectolitre . Les bonnes années compensent les mauvaises. Voilà, monsieur Hâas , votre titre sur la forêt de Romelstein , contenant cinquante ou soixante hectares (un hectare fait 2 arpents et demi). d'excellents bois. Ceci est votre propriété à Hacmatt ; ceci votre pâturage à Tiefenthal . Ceci est votre ferme à Grüneswald , et voici l'acte appartenant à votre maison à Lauterbach ; c'est la plus grande maison du lieu, et a été construite au XVIe siècle. »

"En effet, monsieur Becker ! mais est-ce que cela dit beaucoup en sa faveur ?"

"Certainement, certainement. Il a été construit par Jean Burckhardt, comte de Barth, pour un abri de chasse. De nombreuses générations y ont vécu depuis lors, mais il n'a jamais été négligé et il est aujourd'hui en excellent état."

Je remerciai M. Becker des renseignements qu'il m'avait donnés, et après avoir mis tous mes titres de propriété dans un large portefeuille qu'il avait bien voulu me prêter, je pris congé, plus plein que jamais de ma grande importance !

En arrivant devant ma maison, j'ai pris plaisir à introduire la clé dans la serrure de la porte, et à poser mon pied fermement et fièrement sur la première marche.

"C'est tout à moi !" J'ai pleuré avec enthousiasme.

J'entre dans le hall : « À moi ! J'ouvre les armoires : « À moi ! Le mien, tout ce linge entassé jusqu'au sommet ! Je monte majestueusement le large escalier en répétant comme un imbécile : « Ceci est à moi, et cela est à moi ! Me voici propriétaire de tout cela ! Plus d'inquiétude pour l'avenir ! Pas une pensée anxieuse pour le lendemain ! Maintenant je suis. je vais faire une figure dans le monde ! — pas sur le faible fondement du mérite — pas pour quoi que ce soit que la mode puisse changer. Je suis un grand homme parce que je détiens réellement et efficacement ce que le monde convoite.

" Vous, poètes et artistes ! qu'êtes-vous en comparaison du riche propriétaire qui a tout ce qu'il veut et qui nourrit votre inspiration des miettes qui tombent de sa table ? Qu'êtes-vous sinon des portions ornementales de ses festins et de ses banquets, rien que pour remplir pendant un intervalle de fatigue ? Vous n'êtes que le moineau qui gazouille dans ses haies, ou la statue qui figure dans son allée de jardin. C'est par lui et pour lui que vous existez. Pourquoi a-t-il besoin de vous envier l' encens de l'orgueil et la vanité, celui qui possède le seul bien solide que ce monde ait à offrir ?

À ce moment d'orgueil gonflé, si le pauvre maître de chapelle Hâas s'était présenté devant moi, je me serais très probablement retourné et l'aurais regardé par-dessus mon épaule et lui aurais demandé : « Quel imbécile est-ce ? Qu'est-ce qu'il a avec moi ?

J'ai ouvert une fenêtre; le soir approchait. Le soleil couchant dorait mes vergers et mes vignes à perte de vue. Sur le versant de la colline, quelques taches blanches indiquaient le cimetière.

Je me suis retourné. Une grande salle gothique , avec de riches moulures décorant le plafond, plaisait extrêmement à mon goût. C'était le salon de chasse du seigneur Burckhardt.

Une vieille épinette se dressait entre deux fenêtres ; Je passais distraitement mes doigts sur les touches, et les cordes lâches tintaient avec les grincements désagréables d'une vieille femme édentée essayant de chanter comme une jeune demoiselle.

Au fond de ce long appartement se trouvait une alcôve voûtée, fermée par des rideaux d'un rouge profond, et contenant un haut lit à quatre colonnes recouvert d'une sorte de grand baldaquin . Cette vue me rappela que j'avais fait six heures à cheval. , et je me déshabille tout le temps avec un sourire narquois satisfait sur le visage—

« C'est la première fois, dis-je, que je dors dans mon propre lit.

Et m'étendant confortablement, les yeux errant rêveusement sur les plaines lointaines où se posaient les ombres du soir, je sentais mes paupières céder doucement à la douce influence du sommeil. Pas une feuille ne bougeait ; les bruits du village cessèrent un à un, les derniers rayons dorés du soleil avaient disparu et je tombai dans l'inconscience d'un sommeil bienvenu.

La nuit noire tomba sur la face de la terre, puis la lune se leva dans toute sa splendeur . Quand je me réveillai, je ne sais pas pourquoi. Les senteurs errantes de l'air d'été me parvenaient par la fenêtre ouverte, parfumées du doux parfum du foin fraîchement tondu. Je regardai avec surprise, puis je fis un effort pour me lever et ouvrir la fenêtre, mais quelque obstacle m'en empêcha. À mon grand étonnement, même si ma tête était parfaitement libre de bouger dans n'importe quelle direction, mon corps était enseveli dans un profond sommeil comme un morceau de plomb. Pas un seul muscle n'obéit à mes efforts répétés pour soulever mon corps ; J'avais conscience de mes bras étendus près de moi et de mes jambes tendues, droites et immobiles ; mais ma tête se balançait, impuissante, d'avant en arrière . Ma respiration, profonde et régulière, la respiration de mon corps continuait quand même et m'effrayait terriblement. Ma tête, épuisée par ses vains efforts pour obtenir l'obéissance des membres, retomba de désespoir, et je dis : « Quoi ! C'est une paralysie ?

Mes yeux se sont fermés. Je réfléchissais avec horreur à cet étrange phénomène, et mes oreilles écoutaient attentivement les battements agités de mon cœur, sur lesquels l'esprit n'avait aucun pouvoir sur le flux précipité du sang.

"Quoi, qu'est-ce que c'est ?" Pensai-je à l'instant. " Mon propre corps et mes membres refusent-ils d'obéir à ma volonté ? Caspar Hâas , le seigneur incontesté de tant de riches vignes et de gras pâturages, ne peut-il pas déplacer cette misérable motte de terre qui lui appartient très certainement ? Oh, qu'est-ce que tout cela signifie ? "

Alors que je me posais des questions et méditais, j'ai entendu un léger bruit. La porte de mon alcôve s'ouvrit, et un homme vêtu d'une étoffe rigide ressemblant à du feutre, comme en portent les moines de la chapelle Saint-Werburgh à Mayence , avec un chapeau à larges bords et une plume repoussée de l'oreille gauche, ses mains enfouies jusqu'aux coudes dans des gants de cuir solide et non tanné, entra dans la pièce. Les énormes bottes de ce gentleman arrivaient jusqu'aux genoux et étaient rabattues. Une lourde chaîne d'or, à laquelle étaient suspendues des décorations, pendait à ses épaules. Sa figure bronzée et anguleuse, son teint jaunâtre, ses yeux creux exprimaient une expression d'amertume et de mélancolie.

Ce triste personnage traversa la salle d'un pas dur et sonore, mesuré comme le tic-tac d'une horloge, et, posant sa main maigre sur la poignée d'une immense et longue rapière, et frappant du talon sur le sol, il prononça un ton horriblement désagréable : d'une voix grinçante semblable à un grincement de moteur, ces mots, qui tombèrent d'une manière sèche et mécanique de ses lèvres cendrées :

"C'est à moi... à moi... Hans Burckhardt, comte de Barth !"

J'ai senti une sensation rampante m'envahir.

Au même instant, la porte d'en face s'ouvrit toute grande, et le comte de Barth disparut dans l'appartement voisin ; et j'entendais son pas automatique, dur et sec, descendre les marches une à une pendant un long moment ; cela semblait sans fin, jusqu'à ce qu'enfin les bruits horribles s'éteignent au loin comme s'ils étaient descendus dans les entrailles de la terre.

Mais comme j'écoutais toujours et n'entendais plus rien, en un instant la vaste salle se remplit comme par enchantement d'une nombreuse compagnie ; l'épinette se mit à tinter ; il y avait de la musique et des chants d'amour, de plaisir et de vin.

J'ai regardé et j'ai vu, au clair de lune gris bleuâtre, des dames en pleine floraison qui flottaient négligemment sur le sol, et principalement autour de la vieille épinette ; d'élégants cavaliers vêtus, comme autrefois, d'innombrables rubans pendants, et de la perfection même des cols et des volants de dentelle, assis les jambes croisées sur des tabourets à franges d'or, s'inclinant affectueusement de côté, secouant leurs mèches parfumées, faisant de petits saluts, étudiant tout toutes sortes d'attitudes gracieuses, et faisant leur cour aux dames, le tout avec une telle élégance et un tel air de galanterie, que cela me rappelait les vieilles gravures en manière noire de la gracieuse école lorraine du seizième siècle.

Et les petits doigts raides d'une vieille douairière, au bec de perroquet, faisaient claquer les touches de la vieille épinette ; des éclats de rire minces déclenchaient des échos discordants et se terminaient par de petits cris avec un râle discordant de rire contraint si aigu que mes cheveux se dressaient sur la tête.

Tout ce petit monde idiot, toute cette quintessence de mode et d'élégance, depuis longtemps dépassée, exhalait l' odeur âcre de l'eau de rose et de l'essence de réséda transformée en vinaigre.

Je fis de nouveaux efforts surhumains pour me débarrasser de ce désagréable cauchemar, mais ce fut en vain. Mais à cet instant une dame de la plus haute mode s'écria :

"Seigneurs, vous êtes chez vous ici dans tout ce domaine—"

Mais ses compliments furent interrompus ; un silence de mort tomba sur toute l'assemblée. Ils ont disparu. J'ai regardé, et l'image entière avait disparu de ma vue.

Puis le son d'une trompette tomba sur mes oreilles qui écoutaient. Les chevaux piaffaient dehors, les chiens aboyaient, tandis que la lune, calme, claire, invitant à la méditation, déversait encore sa douce lumière dans mon alcôve.

La porte s'ouvrit comme par un coup de vent, et cinquante chasseurs, suivis d'une compagnie de jeunes dames vêtues comme elles l'étaient il y a deux siècles, en longues traînes, défilèrent à un pas majestueux d'une chambre à l'autre. Quatre serviteurs passaient parmi eux, portant sur leurs épaules musclées, sur une grosse litière de branches de chêne, la carcasse sanglante d'un sanglier monstrueux, à l'œil pâle et fané, et à l'écume encore blanche sur ses formidables défenses et ses mâchoires macabres.

Puis j'entendis les fanfares des trompettes d'airain redoublant de puissance et d'énergie ; mais le silence tomba, et la pompe et la dignité disparurent avec un soupir comme les derniers gémissements d'une tempête dans les bois ; alors... rien du tout... rien à entendre... rien à voir !

Tandis que je rêvais de cette vision étrange, et que mes yeux erraient vaguement sur l'espace vide dans l'obscurité silencieuse, j'observais avec étonnement l'espace vide devenir silencieusement occupé par une de ces vieilles familles protestantes d'autrefois, calme, solennelle et digne. dans leur attitude et leur conversation.

Là était assis le patriarche aux cheveux blancs, la grande Bible sur les genoux ; la vieille mère, grande et pâle, filant le lin cultivé par elles-mêmes, assise droite et immobile comme sa propre quenouille, la fraise jusqu'aux oreilles, sa longue taille comprimée dans un corsage noir et raide ; puis étaient assis les enfants gros et roses, aux visages sérieux et aux yeux bleus pensifs, appuyés en silence, les coudes sur la table ; le chien était allongé près du grand foyer, apparemment en train d'écouter la lecture ; la vieille horloge se tenait dans le coin et marquait les secondes ; plus loin dans l'ombre, il y avait des visages de jeunes filles et de jeunes hommes qui leur parlaient sérieusement de Jacob et de Rachel en manière de faire l'amour.

Et cette bonne famille semblait pénétrée de la vérité de l'histoire sacrée ; le vieil homme, avec un accent brisé, lisait à haute voix l'histoire édifiante de l'établissement des enfants d'Israël en terre de Canaan :

« Ceci est la terre promise, la terre promise à vos pères Abraham, Isaac et Jacob, afin que vous y soyez multipliés comme les étoiles du ciel en multitude et comme le sable qui est au bord de la mer. Et personne ne vous dérangera. , car vous êtes le peuple élu.

La lune, qui avait voilé sa lumière pendant quelques minutes, réapparut, et n'entendant plus aucun bruit de voix, je regardai autour de moi, et ses rayons clairs et froids tombèrent dans la grande salle vide. Il ne restait plus une silhouette, pas une ombre. Le clair de lune déversait son flot argenté sur le sol et, au loin, les formes de quelques arbres se détachaient sur le ciel violet foncé.

Mais voilà que soudain les hauts murs apparurent tapissés de livres, la vieille épinette céda la place au *secrétaire* d'un homme savant, dont la perruque débordante dépassait le dossier d'un fauteuil de cuir rouge. Je pouvais entendre la plume courir sur le papier. Le savant, plongé dans ses pensées, ne bougeait pas ; le silence était oppressant.

Mais imaginez mon étonnement lorsque, se tournant lentement, le grand érudit me fit face et que je reconnus le portrait du célèbre avocat Gregorius, marqué n° 253 dans la galerie de portraits de Darmstadt.

Comment diable ce personnage avait-il pu sortir de sa tombe ?

Je me posais cette question lorsque, d'une voix creuse et sépulcrale, il prononça ces mots :

" *Dominorum , ex jurè Quintio , est jus utendi et abutendi quatenus naturalis ratio patitur* ."

Alors que ce sage précepte sortait oraculairement de ses lèvres, un mot à la fois, sa silhouette s'effaçait et pâlissait. Avec le dernier mot, il avait disparu.

Que vous dirai-je de plus, mes chers amis ? Pendant des heures, vingt générations sont passées devant moi dans l'ancien manoir de Hans Burckhardt : chrétiens et juifs, nobles et roturiers, imbéciles et sages de grand art, et hommes de simple prose. Chacun proclamait son droit inattaquable à la propriété ; chacun se croyait fermement seul seigneur et maître de tout ce qu'il surveillait. Hélas! La mort soufflait les uns après les autres, et ils étaient tous exécutés, chacun à son tour !

Je commençais à me familiariser avec cette étrange fantasmagorie. Chaque fois que l'un de ces honnêtes gens se retournait et me déclarait : « Ceci est à moi ! J'ai ri et je lui ai dit : « Attends un peu, mon brave homme ! Tu vas fondre comme les autres !

Enfin, je commençai à m'en lasser, quand au loin, très loin, le coq chanta annonçant l'aube du jour. Son appel perçant commença à réveiller le dormeur. Les feuilles bruissaient avec l'air du matin ; un léger frisson me secoua ; Je sentais mes membres reprendre peu à peu leur liberté, et, m'appuyant sur mon coude, je regardais avec ravissement la vaste terre silencieuse. Mais ce que je vis tout à l'heure ne tendait pas à me remonter le moral.

Le long du petit chemin sinueux menant au cimetière se déplaçaient, en procession solennelle, tous les fantômes qui m'avaient visité pendant la nuit. Pas à pas, ils s'approchèrent de la porte délabrée et moussue de l' enceinte sacrée ; cette marche silencieuse et lugubre de spectres sous la faible lumière grise du petit matin était un spectacle maigre et effrayant.

Et tandis que j'étais étendu, plus mort que vivant, la bouche béante et le visage mouillé de sueur froide, la tête de la lugubre ligne fondit et disparut parmi les saules pleureurs.

Il ne restait plus beaucoup de spectres , et je commençais à me sentir un peu plus calme, lorsque le tout dernier, mon oncle Christian lui-même, se tourna vers moi sous le portail moussu et me fit signe de le suivre ! Une voix lointaine et ironique dit :

"Caspar ! Caspar ! viens ! Six pieds de ce terrain t'appartiennent !"

Puis lui aussi a disparu.

Une bande cramoisie et violette s'étendait sur le ciel à l'est annonçant le jour à venir.

Je n'ai pas besoin de vous dire que je n'ai pas accepté l'invitation de mon oncle Christian, même si je suis bien conscient qu'un appel similaire arrivera un jour de Celui à qui il faut obéir. Le souvenir de ma brève demeure au fort de Burckhardt a merveilleusement fait tomber la grande opinion que je m'étais autrefois formée de ma propre importance, car la vision de cette nuit m'a appris que même si les vergers et les prairies ne peuvent pas disparaître, leurs propriétaires le sont, et ce fait les oblige à à une réflexion sérieuse sur la nature de nos devoirs et de nos responsabilités.

J'ai donc sagement décidé de ne pas risquer de perdre mon énergie virile et les plus belles récompenses de la vie en m'attardant à Capoue, mais de me lancer, sans plus de perte de temps, dans la poursuite de la musique en tant que science, et j'espère produire l'année prochaine, au Théâtre Royal de Berlin, un opéra qui, je l'espère, désarmera d'un coup toutes les critiques.

J'en suis arrivé à la conclusion finale que la gloire et la renommée, dont les spéculateurs parlent comme de la fumée, sont après tout le bien le plus durable. La vie et une noble réputation ne disparaissent pas ensemble ; au contraire, la mort confirme la gloire bien méritée et lui ajoute un éclat plus éclatant .

Supposons, par exemple, qu'Homère revienne à la vie, personne ne lui contestera sa prétention d'être l'auteur de l' *Iliade* , et chacun rivalisera avec les autres pour faire honneur au père de la poésie épique. Mais si par hasard quelque riche propriétaire terrien de cette époque revenait revendiquer les champs, les bois, les pâturages dont il était si fier, à dix contre un, il serait reçu comme un voleur et mourrait peut-être d'une mort misérable.

---

# L'appâtage des ours.

---

" S'il y a une chose qui chagrine ma chère tante, dit Caspar, plus que mon attachement pour la taverne de Sébaldus Dick, c'est qu'il y a un artiste dans la famille !

" Dame Catherine aurait été heureuse de me voir avocat, prêtre ou conseiller . Si j'étais devenu conseiller , comme M. Andreas Van Berghem ; si j'avais soufflé de longues phrases lasses, caressant d'un doigt délicat mes bandes de dentelle. -pourboires, avec quelle estime et vénération cette digne femme n'aurait-elle pas regardé monsieur son neveu ! Elle aurait salué monsieur le conseiller Caspar avec un profond respect ; elle m'aurait présenté ses meilleures conserves, elle m'en aurait versé, en au milieu de son cercle de commères, juste une goutte de Muscadel an XI avec...

" Prenez ceci, monsieur le conseiller , je vous en prie ; il ne me reste que deux bouteilles ! "

Tout ce que pouvait faire monsieur mon neveu Caspar, conseiller à la cour de justice, eût certainement été parfaitement juste et convenable, et tout à fait parfait à sa manière.

Hélas pour la vanité des désirs humains ! l'ambition de la pauvre femme ne devait jamais être satisfaite. Son neveu est tout simplement Caspar—Caspar Diderich ; il n'a pas de titre, pas de baguette magique, pas de grosse perruque, c'est juste un artiste ! et dame Catherine a dans la tête le vieux proverbe : « Mendiant en artiste », qui l'afflige plus qu'elle ne peut le dire.

Au début , j'essayais de lui faire comprendre qu'un véritable artiste est digne d'un grand respect, que ses œuvres durent parfois des siècles et sont admirées par plusieurs générations successives, et qu'en réalité un bon artiste l'est tout autant. bon comme conseiller . Malheureusement, je n'ai pas réussi à la convaincre ; elle haussa simplement les épaules, joignit les mains avec désespoir et ne répondit rien.

J'aurais fait n'importe quoi pour convertir ma tante Catherine à mes opinions, n'importe quoi ; mais j'aime mieux mourir que de sacrifier l'art et la vie d'un artiste, la musique, la peinture et la taverne de Sébaldus !

de Sébaldus est délicieuse. C'est la maison d'angle entre l'étroite rue des Hallebardes et la petite place De la Cigogne . Dès que vous avez franchi l'arcade, vous trouvez une cour carrée spacieuse, entourée de vieilles galeries en bois sculpté et d'un escalier en bois pour y accéder ; partout sont dispersées en désordre de petites fenêtres du siècle dernier avec des châssis de plomb, des lucarnes et des trous d'aération ; de vieux poteaux de bois cèdent presque sous le poids d'un toit qui menace de s'enfoncer. La grange, les rangées de tonneaux entassés dans un coin, la porte de la cave à gauche, un pigeonnier formant la pointe du pignon ; puis encore, sous les galeries, d'autres fenêtres obscurcies du même style, où l'on voit des swillers et des topers en tricorne, distingués par des nez rouges, violets ou cramoisis ; des petites femmes de Hundsruck , en bonnets de velours à longs rubans flottants, les unes graves, les autres riantes, les autres bizarres et grotesques ; le grenier à foin en hauteur sous le toit ; écuries, porcheries, étables, tout dans un désordre pittoresque attirent et confondent votre attention. C'est un spectacle étrange !

Depuis cinquante ans, pas un marteau n'a été levé contre cette vénérable ruine. On croirait qu'il a été réservé à l'hébergement spécial des rats ! Et quand le brillant soleil d'automne, rouge comme le feu, déverse une pluie dorée sur les murs et les poutres en décomposition ; quand, à mesure que la lumière du jour s'efface dans le soir, les projections angulaires se détachent plus hardiment et les ombres s'approfondissent ; quand toute la taverne résonne de chants, de cris et de rires ; quand le gros Sébaldus , en tablier de cuir, court vers et depuis la cave avec la grande cruche à la main ; quand sa femme Gredel soulève la fenêtre de la cuisine, et avec son long couteau bien taillé sur le bord, nettoie les poissons, ou coupe le cou des poules, des canards ou des oies qui se débattent et gargouillent dans leur propre sang ; quand la jolie Fridoline , avec sa petite bouche rose et ses longs cheveux blonds, se penche à sa fenêtre pour soigner le chèvrefeuille, et qu'au-dessus de sa tête le chat tigré du voisin balance doucement sa queue et regarde, de ses yeux verts rusés, l'hirondelle tourner en rond dans le pourpre qui s'approfondit - je vous assure qu'un homme doit être totalement dépourvu de goût pour le pittoresque pour ne pas s'arrêter et contempler en extase et écouter les bruits murmurés, ou le vacarme plus fort, ou les murmures tombants, et observer avec un regard d'artiste. observez les lumières tremblantes, les ombres volantes et murmurez-vous : « N'est-ce pas beau ?

Mais il faut voir la taverne de maître Sébaldus dans les grandes occasions, quand tous les gens joviaux de Bergzabern se pressent dans l'immense salle publique, un jour où il y a un combat de coqs, ou un combat de chiens, ou une lanterne magique.

L'automne dernier, un samedi — et c'était le jour de Saint-Michel — nous étions tous assis autour de la table en chêne, entre une et deux heures de l'après-midi ; le vieux docteur Melchior, Eisenloffel le forgeron et sa vieille épouse, la vieille Berbel Rasimus , Johannes le moine capucin, Borves Fritz le clarinettiste au Pied de Bœuf, et une demi-centaine d'autres, riant, chantant, buvant, jouant au *youker* , vidant des cruches et des verres, mangeant des puddings et *des andouilles* .

Mère Gredel allait et venait ; les jolies servantes, Heinrichen et Lotté , montaient et descendaient les escaliers de la cuisine comme des écureuils, et dehors, sous la large arcade, on entendait le grondement, le claquement et le tintement du gros tambour et des cymbales, tandis que l'excitante proclamation se faisait : "Ho! ho! salut! Grande bataille à déchaîner! L'ours asturien, Beppo, et Baptist, l'ours savoyard, contre tous les chiens qui pourraient venir. Boum! boum! Entrez, mesdames! Entrez, messieurs. " Voici le buffle de Calabre et l' onagre du désert ! Entrez, entrez ! N'ayez pas peur ! Entrez tous !"

Et ils sont effectivement entrés en foule.

Sébaldus , barrant le passage avec sa silhouette robuste, comme Horatius gardait le pont dans les jours courageux d'autrefois, criait à tous :

"Vos cinq kreutzers , amis et voisins ! Cinq kreutzers pour l'admission ! Payez, ou je vous étrangle !"

C'était une terrible confusion ; les gens se grimpaient sur le dos pour entrer plus vite, jusqu'à ce que Bridget Kéra perde un bas et Anna Seiler la moitié de son jupon.

Vers deux heures, le chef de l'ours, un grand gaillard à l'air rude, aux cheveux roux et à la barbe en lambeaux, coiffé d'un haut chapeau en pain de sucre, entrouvrit la porte et s'écria en regardant à l'intérieur :

"Je vais juste commencer le combat !"

En un instant, toutes les tables furent vidées, et de nombreux verres non goûtés restèrent dessus. J'ai couru jusqu'au grenier à foin, j'ai grimpé quatre marches à la fois sur l'échelle et je l'ai remontée derrière moi. Là, assis tout seul sur une botte de foin, juste à l'intérieur de la petite lucarne, j'avais une vue capitale.

Quelle foule ! Les vieilles galeries pliaient sous leur poids, les toits vacillaient visiblement. J'ai frémi en pensant à ce qui pourrait arriver. Il semblait inévitable qu'ils tomberaient tous ensemble comme des raisins dans le pressoir, entassés dans une mer de têtes.

Ils étaient suspendus en grappes aux piliers de bois ; encore plus haut dans les gouttières le long du toit ; encore plus haut au sujet du pigeonnier ; plus haut encore, au-dessus des lucarnes du toit de la *mairie* ; encore plus haut dans la flèche de Saint-Christophe ; et toute cette multitude hurlait et criait :

"Les ours ! les ours !"

Quand j'eus suffisamment admiré et étonné cette foule immense, baissant les yeux, j'aperçus au milieu de la cour un pauvre âne misérable, à l'air déprimé, maigre et en haillons, les yeux endormis à moitié fermés, les oreilles pendantes. Cet objet redoutable était d'ouvrir les sports.

"Quels imbéciles sont certains!" Je pensais.

Les minutes s'écoulaient, le tumulte augmentait, l'impatience se transformait en colère, lorsque le grand coquin rouge, avec son immense chapeau en pain de sucre, s'avança négligemment au milieu de l'espace ouvert, et cria solennellement, le poing sur les hanches :

"L' onagra du désert contre n'importe quel chien de la ville !"

Il y eut un silence d'étonnement. Daniel, le boucher, les yeux fixes et la bouche grande ouverte, demande :

"Où est l' onagra ?"

« Elle est là ! »

"Ça ! eh bien, c'est un connard !"

"C'est un onagra ."

"Eh bien, voyons ce que c'est", s'écria le boucher en riant.

Il siffla son chien pour qu'il vienne et, désignant l'âne, s'écria :

" Foux , attrape-le ! "

Mais, chose étrange, dès que l'âne vit le chien courir à l'attaque, il se retourna agilement et se lança de toute la longueur de sa jambe, avec un coup de pied si bien dirigé que le chien retomba comme frappé par la foudre. , avec la mâchoire fracturée !

De grands rires retentirent tout autour, tandis que le pauvre chien s'enfuit avec un pitoyable cri de douleur.

Le chef des ours sourit au boucher et demanda :

"Eh bien, quelle est ton opinion ? Mon onagra est- il un connard ?"

"Non," dit Daniel un peu honteux, "c'est un onagra ."

"D'accord ! d'accord ! d'autres chiens viennent combattre mon onagra née dans le désert et élevée dans le désert ? Allez, l' onagra est prête !"

Mais personne ne s'est manifesté ; et le chef des ours criait en vain de sa voix aiguë :

"Messieurs ! mesdames ! avez-vous tous peur ? peur de l' onagra ? Les chiens de votre ville devraient avoir honte d'eux-mêmes. Allez ! courage, messieurs ! courage, mesdames !"

Mais personne n'était enclin à risquer la vie ou les membres de son chien contre un animal aussi dangereux, et les cris vers les ours reprenaient.

"Les ours ! les ours ! faites sortir les ours !"

Après avoir attendu un quart d' heure , le bonhomme vit que son onagra ne risquait plus d'avoir de clients, alors, mettant la bête dans l'étable, il s'approcha de la porcherie, l'ouvrit et en tira par sa chaîne Baptiste, le Savoie. ours, une vieille brute au poil brun galeux, boudeur et honteux comme un ramoneur descendant une cheminée. Même s'il n'était pas beau, les applaudissements retentirent, et les chiens de combat eux-mêmes, enfermés sous le porche de la taverne, flairant la bête sauvage, poussèrent un hurlement tragique à faire dresser les cheveux. Le misérable ours fut conduit assez tranquillement jusqu'à un pieu fermement enfoncé dans le sol, auquel il fut enchaîné, tout en observant lentement d'un œil mélancolique la foule excitée.

"Pauvre vieux voyageur !" m'écriai-je, est-ce qu'on te l'aurait dit, il y a dix ans, lorsque grave, terrible et solitaire tu traversais d'un côté à l'autre les hauts glaciers de Suisse, dans les sombres vallons de l' Unterwald , et que tes profonds grognements rendaient le vieux les chênes tremblent dans chaque feuille... qui aurait pu te dire que le jour viendrait où, triste et résigné, le collier de fer autour du cou, tu serais attaché à un poteau et dévoré par des chiens pour amuser une foule à Bergzabern ?... Hélas ! *Sic transit gloria mundi* !"

Tandis que ces méditations occupaient mes pensées, remarquant que tout le monde se penchait pour voir, j'ai aimé le reste, et j'ai vite vu la possibilité d'un travail chaleureux.

Deux chiens de sanglier, appartenant au vieux Heinrich, étaient conduits à l'autre bout de la cour. Se débattant dans la chaîne, ces créatures féroces étaient écumantes de rage. L'un était de grande race danoise, blanc, avec de grandes taches noires, des membres souples, des muscles comme des ressorts d'acier, des mâchoires largement ouvertes comme celles d'un alligator ; l'autre un énorme chien du Tannewald , jamais handicapé d'une jambe selon la loi, les côtes à peine couvertes, l'épine dorsale dure et nouée comme une canne de bambou. Ils n'aboyaient pas, mais ils s'efforçaient de toutes leurs forces de lutter contre la chaîne, et le vieux Heinrich se tenait là, avec sa large tête grise rejetée en arrière, sa moustache rougeâtre hérissée, son nez fin et rasé accroché sur ses lèvres et ses longues guêtres de cuir. ses jambes fermement appuyées contre les pierres, dans ses efforts acharnés pour retenir des deux mains l'appétit avide de ses chiens pour le combat, tandis qu'il s'opposait à leurs tentatives de faire avancer tout le poids de son corps.

"Retour retour!" » cria-t-il au chef des ours, et le voyou retourna en courant à l'abri d'une meule de fagots.

Alors tous les visages penchés sur les galeries devinrent rouges et chauds sous l'excitation de l'horrible mêlée, et des yeux écarquillés se tournèrent de tous les coins et recoins.

L'ours était assis sur ses hanches rassemblées, prêt à l'action, ses énormes pattes levées. Je voyais comment il frémissait dans sa peau rugueuse, et son museau semblait l'agacer terriblement. Tout à coup, la chaîne glissa ; d'un seul bond, les chiens franchirent l'espace intermédiaire, et leurs crocs acérés furent en un instant fixés dans les oreilles des deux pauvres Baptiste, dont les lourdes pattes et les longues griffes acérées enserraient chaque ennemi acharné autour du cou, s'enfonçant lentement dans leurs corps tendus jusqu'au sang. jaillit en ruisseaux. Mais lui aussi saignait , car ses oreilles souffraient de cruelles lacérations ; les chiens tenaient bon, et ses yeux fauves levaient vers le ciel avec un air d'appel pitoyable. Pas un cri, pas un soupir, pas un gémissement n'échappait d'un seul combattant ; les trois animaux formaient un groupe aussi immobile que s'ils eussent été sculptés dans le bois.

Je pouvais sentir la transpiration couler sur mon visage.

Cela a duré cinq minutes.

Enfin, le Tannenthaler parut se détendre légèrement ; l'ours pesait plus lourd sur lui avec sa lourde patte, son œil s'allumant d'une lueur d'espoir ; puis il y eut une autre brève pause. Il y eut un horrible gémissement, un craquement ; l'épine dorsale du chien fut brisée et il retomba sur les pierres, la gueule puant le sang.

Alors Baptiste, avec un frémissement de joie, passa ses deux pattes autour du Danois, qui n'avait pas encore lâché prise, mais ses dents glissaient de l'oreille déchirée et ensanglantée. Soudain, il se secoua et sauta en arrière ; l'ours se précipita sur son ennemi volant, mais la chaîne le retint. Le chien s'enfuit, rouge de sang, et ne s'arrêta que lorsqu'il fut mis à l'abri derrière son maître, qui lui fit un accueil favorable , tout en jetant un coup d'œil à son autre chien, immobile.

Et ici Baptiste posa sa puissante patte sur la victime de sa fureur et de sa valeur ; portant la tête haute, il soufflait le carnage les narines distendues et les côtés haletants ; le guerrier vétéran était redevenu lui-même. Des applaudissements frénétiques s'élèvent des tribunes jusqu'au clocher de l'église. L'ours semblait comprendre. Je n'ai jamais vu une attitude plus fière et plus résolue.

Après ce combat, tous les spectateurs reprenaient leur souffle ; le frère capucin Johannes, assis sur la rampe, face au champ de bataille, secouait son bâton en souriant de satisfaction dans sa longue barbe brune. Les gens voulaient un peu de soulagement ; des pincées de tabac à priser furent offertes et acceptées, et la voix du docteur Melchior, discutant et expliquant les différentes phases du conflit, se fit entendre au milieu du bruit de nombreux causeurs. Mais il n'eut pas le temps de terminer son discours, car en un instant la porte de la grange s'ouvrit brusquement, et plus de vingt-cinq chiens, grands et petits, les vagabonds et les rebuts de la ville, furent offerts en sacrifice à faites honneur à l'occasion, vautré en tas dans la cour, hurlant et criant, aboyant, claquant et grondant ; puis, comme si des réflexions avaient quelque peu modifié leurs idées sur la valeur , ils se retirèrent tous dans un coin sûr de la cour, le plus éloigné de l'ours, où ils se contentèrent de protestations furieuses, faisant de courtes courses vers l'ennemi et de rapides retraites, faisant un bien triste semblant de guerre.

"Oh, ces lâches bêtes ! les misérables petites brutes !" s'écriaient les valeureux occupants de la galerie.

Et les chiens, beaucoup plus sages et plus discrets , levèrent la tête en réponse et semblèrent dire :

"Allez vous-mêmes !"

L'ours se tenait toujours sur la défensive lorsque, au grand étonnement général, Heinrich réapparut, tenant son chien danois par la chaîne.

On m'a appris depuis qu'il avait parié cinquante florins avec Joseph Kilian, le garde-chasse, que le sanglier renouvellerait l'attaque. Il avança lentement, caressant le chien de la main et disant d'un ton persuasif :

"Bon chien, Blitz ! bon chien !"

Et le noble animal, malgré ses blessures sanglantes, se précipita ; puis toute la meute de bâtards, de chiens, de chiots, de lurchers et de tourne-broche entra aussi en une longue file, jusqu'à ce que le pauvre Baptiste soit couvert par la vile déroute de la canaille ; il faisait ce qu'il pouvait, il se retournait et se retournait aussi loin que sa chaîne le lui permettait, grognant et grognant, écrasant l'un, renvoyant l'autre avec une morsure, se débattant avec fureur. Le brave Danois montrait encore la plus grande intrépidité ; il avait attrapé l'ours entre les oreilles et s'était retourné avec lui, les pattes antérieures en l'air, tandis que les autres mordaient, les uns ses pattes, les autres ses oreilles déchirées et saignantes. Il semblait que ce fléau de chiens ne finisse pas.

"Assez assez!" » était le cri dans toutes les directions.

Pourtant, certains n'étaient toujours pas satisfaits et continuaient de pleurer sur les chiens.

Heinrich traversa alors la cour comme un éclair ; il saisit son sabot par l'oreille, et l'arrachant de toutes ses forces, s'écria :

"Blitz, Blitz, lâchez prise !"

Mais cela ne servait à rien. Enfin l'homme parvint à lui faire lâcher prise par un terrible coup de fouet en travers du corps, et, entraînant l'animal, ils disparurent tous deux sous la voûte .

Les métis n'avaient pas attendu cet événement pour abandonner la bataille ; quatre ou cinq seulement pendaient encore au côté de Bruin ; les autres, effrayés, boitant, criant, cherchaient une issue. Soudain, l'un de ces héros, un chien appartenant à Rasimus , aperçut la fenêtre de la cuisine et, animé d'un noble enthousiasme pour sa sécurité, il fracassa les vitres et tout. Tout le reste de l'équipage hurlant, frappé de l'ingéniosité de ce plan, suivit le même chemin sans un instant d'hésitation. Assiettes et plats, verres et bouteilles, casseroles et bouilloires retentissaient dans un fracas effrayant, tandis que Mère Gredel déchirait l'air de ses cris perçants : « Au secours, au secours !

C'était la meilleure blague de la journée. Des éclats de rire saluaient la fuite propice des chiens, même au prix de tant de bonne vaisselle. Ils riaient jusqu'à ce que les larmes leur viennent aux yeux, roulaient sur leurs visages rouges et haletaient.

Au bout d'un quart d'heure, il y eut une accalmie ; alors on a commencé à penser qu'il était temps que le terrible ours des Asturies fasse son apparition.

"L'ours asturien ! l'ours espagnol !" était le cri.

Le chef des ours fit signe aux gens de se taire, car il avait quelque chose à leur dire. C'était impossible! Les cris et le tumulte redoublèrent.

"L'ours des Asturies ! l'ours des Asturies !"

Alors le bonhomme marmonna quelques mots inintelligibles, détacha l'ours brun et le ramena dans sa tanière ; puis, avec toute l'apparence de précaution, il desserra la porte de la porcherie et prit le bout d'une chaîne qui gisait par terre. Un formidable grognement se fit entendre à l'intérieur. L'homme passa rapidement la chaîne à travers un anneau dans le mur et s'enfuit en criant :

"Maintenant, toi là, laisse partir les chiens !"

Immédiatement, un ours noir, petit et presque rabougri, avec un front bas, des oreilles écartées, des yeux rouges comme le feu et brillant d'une passion farouche et maussade, se précipita dehors et trouva la chaîne fermement dans le champ. mur, hurla furieusement. De toute évidence, c'était un ours d'un caractère moral des plus déplorables ! D'ailleurs, il avait été rendu fou par le bruit des combats précédents, et son maître avait de bonnes raisons de ne pas se confier beaucoup à lui.

"Lâchez les chiens !" s'écria le chef des ours en sortant la tête de la lucarne du grenier ; "lâchez-les !"

Puis il ajouta :

"Si vous n'êtes pas satisfait cette fois, ce ne sera pas de ma faute. Il y aura une bataille maintenant !"

À ce moment-là, le grand dogue de Ludwig Karl et le couple de chiens-loups de Fischer de Heischland , la queue basse, les cheveux droits et lisses, la tête avancée et les oreilles dressées, entrèrent ensemble dans la cour.

Le dogue à la tête lourde bâillait calmement alors qu'il étirait ses jambes nerveuses et s'effondrait dans son long dos. Mais après un long et tranquille bâillement, il se retourna lentement et, apercevant l'ours, il resta immobile, comme stupéfait. L'ours, lui aussi, fixait sur lui ses yeux brillants et vicieux, ses oreilles déployées et ses énormes griffes creusant le sol sous elles.

Les chiens-loups se rangèrent en réserve à l'arrière du dogue.

Alors un tel silence tomba sur toute cette multitude excitée qu'on aurait pu entendre une feuille morte bruisser jusqu'au sol ; mais il s'ensuivit un grognement profond, sourd et féroce, comme un orage imminent, qui fit frémir la foule.

Soudain le dogue s'élança, les deux autres le suivirent, et puis pendant quelques secondes on ne vit plus qu'une masse confuse rouler autour de la chaîne, puis le sang et les entrailles se mêlèrent coulant sur les pierres, puis l'ours se dressant sur ses hanches serrant le dogue entre ses bras. des griffes terribles, balançant un instant sa lourde tête et ouvrant largement ses mâchoires cramoisies, car le museau avait disparu ; dans la lutte, il était tombé !

Alors un cri de peur sourd mais croissant parcourut la foule dans les galeries. Pas d'applaudissements maintenant, seulement une alarme bien fondée ! Le dogue était dans les affres de la mort, avec un râle dans la gorge ; les chiens-loups gisaient déchirés et morts sur la terre ensanglantée ; dans les écuries, tout autour de la cour, des rugissements et des beuglements longtemps agités trahissaient la terreur du bétail, dont les coups de pied et les plongeons faisaient trembler les murs ; mais l'ours ne bougeait pas : il semblait jouir de l'alarme universelle.

Mais voilà ! dans cette situation difficile, on entendit un léger craquement, mais indubitable, comme celui d'un bois qui cédait, puis d'autres craquements ; les vieilles galeries pourries commençaient à céder sous la forte pression de la foule ; et il y avait dans ce bruit, tout juste entendu au milieu du silence mort de l'attente, quelque chose de si épouvantable que moi, dans mon lieu de sécurité, je sentis un frisson froid m'envahir. Faisant un rapide tour d'horizon des galeries devant moi, je vis chaque visage changé de couleur , pâle avec une pâleur bleuâtre et cendrée ; certains bouche bée, d'autres aux cheveux hérissés, écoutant attentivement, retenant leur souffle. Le frère capucin Johannes, assis sur la rampe, était passé du cramoisi au verdâtre, et le gros nez rouge du docteur Melchior était passé du rouge au jaunâtre pour la première fois depuis vingt ans ; les pauvres petites femmes tremblaient sans bouger de leur place, sachant que la moindre agitation renverserait tout le lieu.

J'aurais pu souhaiter voler aussi. Il me semblait voir les épais piliers de chêne de la galerie s'inclinant jusqu'au sol. Je ne peux pas dire si c'était une illusion ou non, mais en un instant, la poutre principale poussa un grand craquement et s'abaissa d'au moins trois pouces. Alors, mes amis, c'était horrible à voir : au profond silence d'une minute auparavant succédait du tumulte, des cris, des cris et des délires. Cette masse d'êtres humains entassés dans les galeries, les uns au-dessus des autres, les uns s'agrippaient aux murs, aux piliers, aux rampes ; d'autres se battaient avec fureur, et même mordaient, pour s'enfuir plus vite, et du milieu de cette effroyable confusion s'élevaient les voix plaintives des femmes souffrantes. Je frémis au souvenir. Oh, puissé-je ne plus jamais revoir un spectacle pareil !

Mais, circonstance la plus terrible de toutes, l'ours était enchaîné tout près de l'escalier qui monte aux galeries !

Si je devais vivre mille ans, je n'oublierais jamais l'horreur du frère Johannes, qui s'était frayé un chemin avec son long bâton et posait le pied sur la dernière marche lorsqu'il découvrit, juste avant le bas de l'escalier , Beppo assis calmement sur sa queue, sa chaîne tendue, l'œil expressif de joie, prêt à l'attraper le premier !

Nul ne peut mesurer la puissance musculaire que Maître Johannes fut obligé de déployer pour endiguer la force qui le poussait par derrière. Saisissant convulsivement la rampe à deux mains, ses larges épaules formaient un puissant contrefort contre le flot pressant. Comme Atlas, je crois qu'il aurait porté la terre sur son dos pour sauver sa précieuse peau.

Au milieu de cette confusion et de ce tumulte, et alors qu'il ne semblait plus possible d'éviter la catastrophe menaçante, soudain la porte de l'étable s'ouvrit violemment, et le redoutable Horni , le magnifique taureau de Maître Sébaldus , s'élança dans l'arène, son fanon massif tremblant lâchement comme un tablier, sa queue tendue droite, sa bouche et ses narines blanches d'écume laineuse.

C'était une inspiration du maître . Il avait décidé de risquer son taureau pour sauver des vies humaines. Au même moment, le visage gras, rond et rose de notre propriétaire apparut à travers la lucarne de l'écurie, criant à la foule de ne pas s'alarmer, pour cela il ouvrirait la porte intérieure qui donne sur la vieille synagogue et laisserait sortir le foule dans la rue des Juifs, ce qui s'est fait en deux ou trois minutes, au grand soulagement et au confort du public.

Mais maintenant, écoutez la fin de mon histoire.

A peine l'ours eut-il aperçu le taureau, qu'il se précipita vilainement sur ce nouvel adversaire avec un choc si terrible que la chaîne éclata. Le taureau se retira, face à son ennemi, dans un coin de la cour, près du pigeonnier, et là, la tête bien baissée entre ses pattes courtes et ses cornes présentées, il attendit le choc de la guerre.

L'ours fit plusieurs feintes, se glissant le long du mur de droite à gauche ; mais le taureau, le front touchant presque le sol, suivait les mouvements de l'ennemi avec un sang-froid merveilleux .

En cinq minutes , les galeries furent dégagées ; le bruit de la foule réfugiée dans la rue des Juifs devenait de plus en plus lointain, et cette manœuvre des deux énormes brutes semblait méditer une bataille nulle, lorsque tout à coup le taureau, perdant patience, se jeta sur l'ours avec le tout l'élan de sa masse monstrueuse. Le malheureux animal, serré de si près, se réfugia sous le bûcher, mais la tête et les cornes de son ennemi le poursuivirent là, et là sans doute il cloua son adversaire au mur, car bien que je ne pusse voir que l'arrière du taureau, quartiers, j'entendis un cri épouvantable, suivi d'un craquement d'os, et bientôt une mare de sang coulait sur le trottoir.

Je ne voyais que l'arrière-train du taureau et sa queue agitée comme un drapeau de bataille. On aurait cru qu'il voulait faire tomber les murs par le martèlement furieux et violent de ses pattes postérieures. Cette scène silencieuse dans l'ombre était effrayante. Je n'ai pas attendu de voir la fin. Je descendis prudemment de mon échelle et me glissai hors de la cour comme un voleur. Vous imaginez avec quel plaisir je respirais l'air pur ; et traversant la foule rassemblée autour de la porte où le chef de l'ours s'arrachait les cheveux dans son désespoir sauvage, je courus chez ma tante.

Je passais sous les arcades lorsque je fus arrêté par mon ancien maître de dessin, Conrad Schmidt.

"Caspar!" s'écria-t-il, où vas-tu si vite ?

"Je vais peindre le grand combat d'ours !" J'ai répondu avec enthousiasme.

"Une autre scène de taverne, je suppose," remarqua-t-il avec un haussement d'épaules.

"Pourquoi pas, Maître Conrad ? Une scène de taverne n'est-elle pas aussi bonne que celle d'un forum ?"

J'aurais dit beaucoup de choses, mais nous étions devant sa porte.

"Bonne nuit, Maître Conrad", criai-je en lui serrant la main. "Ne m'en veux pas de ne pas aller étudier en Italie."

"Rancence ! Non", répondit le vieux maître en souriant. "Tu sais qu'en privé je suis de ton avis. Si je te dis de temps en temps d'aller en Italie, c'est pour satisfaire dame Catherine. Mais suis ta propre idée, Caspar. Les hommes qui ne suivent que les idées des autres ne font jamais de bien. ".

---

# LE BOUC ÉMISSAIRE.

Note

Cette histoire, qui permet l'exercice de l'imagination dans sa construction, n'est que trop fidèle à l'image de la vie et des habitudes des étudiants allemands, avec son ignorance ou son mépris du christianisme qui nous est enseigné dans l'Évangile, son penchant à moitié dissimulé vers les anciens systèmes. de la religion proprement dite païenne, et son indifférence insouciante à l'égard de la vie humaine. Le traducteur a osé s'écarter légèrement de l'original à un ou deux endroits afin d'éviter de choquer inutilement la susceptibilité des lecteurs formés et éduqués selon des principes très différents de ceux -ci .

---

Tout le monde à Tübingen ne connaît-il pas la lamentable histoire de la querelle entre le seigneur Kaspar Evig et le jeune juif Elias Hirsch ? Kaspar Evig courtisait mademoiselle Eva Salomon, la fille du vieux marchand de tableaux de la rue de Jéricho. Un jour, il trouva mon ami Elias chez le courtier, et, sous quel prétexte je ne sais, il se cogna fort les oreilles trois ou quatre fois.

Elias Hirsch, qui avait commencé ses études de médecine seulement cinq mois auparavant, fut appelé par un conseil d'étudiants à défier le seigneur Kaspar au combat, démarche qu'il prit avec la plus grande répugnance, car il était tout à fait normal que un seigneur doit être un parfait épéiste.

Malgré tout, Elias se mit bien sur la défensive et, guettant l'occasion, inséra son épée finement pointue si soigneusement entre les côtes du seigneur mentionné ci-dessus qu'il affecta considérablement sa respiration, ce qui eut pour conséquence qu'il était mort. dans dix minutes.

Le recteur Diemer, informé de cette transaction par des témoins crédibles, écouta froidement et dit brièvement :

"Je vous comprends, messieurs. Il est mort, n'est-ce pas ? Très bien, enterrez-le."

Elias était transporté en triomphe, comme un autre Mattathias ; mais, loin d'accepter la gloire offerte, il tomba dans une profonde mélancolie.

Il a perdu de la chair, il a soupiré, il a gémi ; son nez, déjà assez long, semblait prendre en saillie ce qu'il perdait en solidité, et souvent le soir, alors qu'il passait rue des Trois Fontaines , on l'entendait murmurer :

" Kaspar Evig , pardonne-moi; Je ne voulais pas vous ôter la vie. Oh, malheureuse Eva ! Qu'avez-vous fait? Par votre flirt irréfléchi, vous avez fait quereller deux braves hommes , et maintenant l'ombre du seigneur Kaspar me poursuit partout, même dans mon sommeil. Ah Eva ! misérable Eva ! pourquoi as-tu agi ainsi ? »

Ainsi le pauvre Elias gémissait de sa misère ; et il était d'autant plus à plaindre que les fils d'Israël ne sont pas assoiffés de sang, et qu'ils savent qu'il est écrit dans leur loi : « Celui qui verse le sang d'un homme par un autre, son sang sera versé ».

Or, un beau jour de juillet, tandis que je buvais au Faucon , se promenait Elias Hirsch, toujours aussi misérable, les joues creuses, les cheveux en désordre autour du visage et les yeux baissés. Il posa la main sur mon épaule et dit :

"Cher Christian, me feras-tu plaisir ?"

" Bien sûr que je le ferai, Elias ; dis seulement quoi. "

" Allons nous promener ensemble à la campagne ; je veux vous consulter sur mon chagrin. Vous savez beaucoup de choses humaines et divines ; peut-être pourrez-vous m'indiquer un remède à tant de troubles d'esprit. Je peux avoir confiance en vous, Chrétien, entièrement. »

Comme j'avais déjà bu cinq ou six pintes de bière et deux ou trois verres de schnaps, plus rien ne me retenait, et j'ai consenti à l'accompagner. D'ailleurs, j'étais flatté de sa confiance en ma sagesse.

donc traversé la ville et, en vingt minutes, nous parcourions le petit sentier bordé de violettes qui serpente jusqu'aux ruines antiques de Triefels .

Alors, se sentant seul, passant entre les haies embaumées de chèvrefeuille et musicales du chant des oiseaux, et grimpant lentement jusqu'aux pins élevés qui couronnent le Rothalp , Elias respira plus librement ; il leva les yeux et cria :

" Dans toutes vos études théologiques, Christian, avez-vous rencontré un moyen d'expier les grands crimes ? Je sais que vous avez beaucoup étudié cette question. Dites-moi. Tout ce que vous recommandez pour mettre en fuite l' ombre vengeresse de Kaspar . Evig , je vais le faire."

La question de Hirsch m'a fait réfléchir. Nous marchions ensemble, la tête baissée, plongés dans un profond silence. Il m'observait, je le voyais du coin de l'œil, pendant que j'essayais de rassembler mes pensées sur cette question délicate, mais je finis par répondre :

"Maintenant, si nous étions habitants de l'Inde, Elias, je te dirais d'aller te baigner dans le Gange, car les eaux de ce fleuve lavent les pollutions du corps et de l'âme - ainsi, du moins, les habitants de ce pays réfléchissez ; et ils tuent, brûlent et volent sans crainte sous la protection de cette rivière merveilleuse

. C'est un grand réconfort pour les scélérats ! C'est un grand regret que nous n'ayons pas une telle rivière ! Si nous vivions à l'époque de Jason, je vous prescrirais les galettes salées de la reine Circé, qui avaient la propriété remarquable de blanchir les consciences noircies et d'épargner aux gens la peine du repentir. Enfin, si vous aviez le bonheur d'appartenir à notre sainte religion, je vous ordonnerais vous de faire dire des messes et de céder vos biens à l'Église. Mais dans votre état quant au lieu, à l'heure et à la croyance, je ne connais qu'un seul moyen de vous soulager.

"Qu'est-ce que c'est?" s'écria Hirsch, déjà enflammé d'espoir.

Nous avions maintenant atteint le Rothalp et nous trouvions dans un endroit isolé appelé Holderloch . C'est une gorge profonde et sombre, entourée de sapins sombres ; un rocher plat couronne l'abîme d'où tombent les eaux sombres du Marg avec un rugissement profond et bruyant.

Notre chemin nous y avait amené. Je m'assis sur le gazon moussu pour respirer l'air humide qui monte du golfe, et à ce moment précis j'aperçus au-dessous de moi une chèvre magnifique, qui tendait la main pour cueillir les cressons sauvages qui poussent au bord de la falaise.

Rappelons-nous que les rochers du Holderloch s'élèvent en forme de terrasses successives, chaque terrasse haute peut-être de dix pieds, mais pas plus d'un pied de large, et sur ces petites corniches étroites poussent mille plantes odorantes, du thym et du chèvrefeuille. le lierre, le convolvulus et la vigne sauvage, perpétuellement arrosés par les embruns du torrent qui tombe, et tombant en plus belles grappes de fleurs et de feuillages.

Maintenant, ma chèvre, un animal au large front, orné de lourdes cornes frisées nouées, aux yeux brillants comme une paire de boutons d'or, à la barbe rougeâtre, montrant une allure fière et provocante sous ces festons de verdure, et une physionomie aussi audacieuse que celui d'un satyre rôdeur : ma chèvre progressait vers le plus haut de ces rebords étroits et dégustait un doux repas d'herbes délicates.

"Élias !" Je m'écriai : « Je ressens une inspiration ! Juste au moment où je pensais à un bouc émissaire, il y en a un ! Je le vois ! Regardez ! alors oublie tout ça."

Elias m'a regardé avec une stupide ignorance.

— J'aimerais bien faire cela, Christian, mais comment puis-je imputer mes remords à cette chèvre ?

"Rien de plus simple. Qu'ont fait les Romains pour se débarrasser de leurs criminels, pollués de tous les crimes ? Pourquoi les ont-ils jetés du rocher tarpéien, bien sûr. Eh bien, après avoir posé vos imprécations sur ce bouc, jetez-le dans le Holderloch , et tout cela finira."

"Mais" répondit Elias.

"Je connais vos objections à l'avance", répondis-je. "Vous allez dire que vous ne voyez aucun lien entre Kaspar Evig , dont l'ombre te suit, et cette chèvre. Mais méfiez-vous! sois prudent! Où était le rapport entre les eaux du Gange, les gâteaux salés de Circé et le bouc émissaire avec les crimes à expier ? Pas du tout. Eh bien, pour autant, l'expiation fut jugée bonne ; jetez donc vos malédictions et vos imprécations sur ce bouc, et jetez-le ! Je t'ordonne de faire ça ! Je pense qu'il est de mon devoir de veiller à ce que cette chose soit accomplie. Je peux voir un lien entre cette chèvre et votre faute, mais je ne peux pas l'expliquer car la lumière de mes vastes informations m'éblouit en ce moment !"

Elias ne fit pas un pas. J'ai même cru déceler un sourire sur son visage, ce qui m'a irrité.

"Comment!" dis-je ; "Voici que je vous indique une méthode infaillible pour vous débarrasser du juste châtiment de votre crime, et vous doutez, vous hésitez, vous souriez même !"

"Non", dit-il, "mais je n'ai pas l'habitude de marcher au bord des précipices, et j'ai peur de tomber dans le Holderloch avec la chèvre."

" Ah, vous êtes un lâche ! Je vois tout. Vous avez juste une fois fait preuve d'un peu de courage pour obtenir une exemption pour le reste de vos jours. Eh bien, monsieur, si vous refusez d'exécuter mon conseil, je le ferai moi-même. ".

Et je me suis levé.

"Chrétien ! Chrétien !" s'écria mon ami, ne te fais pas trop confiance. Ton pied n'est pas stable, pour l'instant.

" Mon pied n'est pas stable ! Oserez-vous insinuer que je suis ivre parce que je viens de boire dix ou douze verres de bière et trois verres de schnaps ce matin ? Va-t'en ! Retour ! reviens, fils de Bélial ! "

Et m'avançant de quelques pieds au-dessus de la chèvre, la tête levée et les mains étendues, je criai solennellement :

"Azazel ! chèvre destinée au malheur et à l'expiation, je dépose sur ton dos poilu les remords de mon ami Elias Hirsch, et je t'envoie vers les esprits des ténèbres !"

Puis, contournant le rebord sur lequel nous nous trouvions, je descendis au suivant en contrebas pour attraper la chèvre et la renverser.

Une rage et une fureur sacrées semblaient me posséder. Je n'ai pas remarqué l'abîme. J'ai marché au bord du précipice comme un chat.

La chèvre, apercevant mon approche, me regarda avec méfiance et recula un peu.

"Ha!" J'ai crié : "Tu peux fuir loin de moi, mais tu ne m'échapperas pas, bête maudite ! Je t'ai eu !"

"Oh, Chrétien, Chrétien !" Elias répétait d'une voix déchirante : "Reviens. Vous risquez votre vie !"

« Silence, incroyant ! » J'ai pleuré. "Tu es indigne du grand sacrifice que je fais pour ton bonheur ! Mais ton ami Christian ne recule jamais. Azazel doit périr !"

Un peu plus loin, la corniche se rétrécissait et se terminait en pointe.

La chèvre, après m'avoir examiné une seconde fois d'un œil curieux, recula un peu plus, mais non sans quelques hésitations.

« Aha ! » M'exclamai-je, "vous commencez à comprendre ce qui va se passer. Oui, laissez-moi vous mettre dans ce coin, et votre destin est scellé !"

Et sans aucun doute, lorsqu'il fut arrivé à l'endroit où le rebord se terminait, Azazel parut perplexe de savoir quoi faire ensuite. Je m'approchai de lui de plus en plus, plein d'une noble excitation et riant d'anticipation de la descente à venir et du clapotis dans le torrent en contrebas.

Je le voyais maintenant à quatre pas de moi, et je tenais fermement une racine de houx qui poussait sur un rocher pour donner un coup de pied à la bête dévouée.

"Regarde, Elias, vois le maudit !" J'ai pleuré.

Quand, tout à coup, je sentis dans mon ventre un coup des plus terribles, un coup de crosse qui m'aurait envoyé *dans* le Holderloch si je n'avais pas gardé cette racine bénie de houx. Le fait est que ce misérable bouc, se voyant acculé, avait lui-même commencé l'attaque.

Oh, quel a été mon étonnement ! Avant que je sache où j'étais ni ce qui s'était passé, la brute se releva de nouveau sur ses pattes arrière, et ses cornes s'enfoncèrent dans mon ventre et mes flancs avec un bruit creux.

Dans quelle position se trouver ! Il est impossible d'être plus étonné que je ne l'étais à ce moment-là ! C'était le monde à l'envers. C'était un mauvais rêve, un cauchemar ! Le précipice avec tous ses pics déchiquetés semblait danser autour de moi, tout comme les arbres et le ciel au-dessus. Au même instant, j'entendis des cris perçants d'Elias : « Au secours ! au secours ! pendant que les cornes d'Azazel me labouraient les flancs.

Puis j'ai perdu toute présence d'esprit. La chèvre, avec sa longue barbe et ses cornes dures et acérées, me frappant tantôt dans la poitrine, tantôt dans le ventre, puis dans mes membres tremblants, produisit sur moi un effet des plus diaboliques. Mon emprise sur la racine s'est lentement relâchée et j'ai lâché prise. Mais heureusement, quelque chose m'empêchait de tomber, quelque chose que je ne comprenais pas au début. Mais c'était le berger Yeri , du Holderloch , qui, de la plate-forme voisine au-dessus, m'avait attrapé par le col de mon manteau avec sa houlette.

Grâce à son aide, au lieu de tomber dans le gouffre, je m'étendis de tout mon long le long du rebord, et cette horrible chèvre marchait sur mon corps pour s'enfuir de ses affaires.

"Viens, saisis fermement ma houlette", cria le berger à Elie; "Maintenant, je vais descendre pour lui. Ne lâche pas prise !"

"Vous pouvez compter sur moi", répondit Elias.

J'ai entendu tout cela comme si c'était un cauchemar. J'avais presque perdu connaissance.

Quand j'ouvris les yeux , je vis debout devant moi ce gigantesque berger, avec ses yeux gris enfoncés sous ses sourcils broussailleux, sa barbe jaune, une peau de mouton jetée sur ses épaules, et je crus m'être réveillé au temps d'Œdipe, ce qui me fit je me demande beaucoup.

"Eh bien, s'écria le berger d'une voix gutturale rauque, cela vous apprendra à ne plus maudire ma chèvre !"

Puis j'ai vu Azazel se frotter confortablement contre les jambes colossales de son maître, et avoir l'air sournois, et j'ai pensé ironiquement à moi ; et puis je vis Elias debout derrière moi et faisant de grands efforts pour ne pas rire.

Mes sens dispersés commençaient à revenir. Je m'assis avec douleur et difficulté, car Azazel m'avait meurtri partout, et je me sentais terriblement raide et endolori.

"C'est toi qui m'as sauvé ?" J'ai demandé au berger.

"Oui, mon garçon, ça l'était."

"Eh bien, vous êtes un bon garçon et je vous suis très obligé. Je retire la malédiction que j'ai lancée sur votre chèvre. Tiens, prends ceci."

Je lui tendis ma bourse contenant seize florins.

" Merci, monsieur, " dit-il, " et maintenant vous pouvez recommencer si vous voulez sur un terrain plat. Là-bas, ce n'était pas juste ; la chèvre avait tout l'avantage. "

" Merci beaucoup ! Mais j'en ai bien assez. Serrez-vous la main, mon vieux, je ne vous oublierai jamais. Partons maintenant. "

Mon camarade et moi, bras dessus bras dessous, descendîmes ensuite la colline.

Le berger, appuyé sur sa houlette, nous regarda jusqu'à ce que nous disparaissions. La chèvre avait repris sa promenade et son souper au bord même des rochers. Le ciel était beau, l'air embaumé de mille doux parfums de montagne porté par les sons lointains du cor du berger et le grondement du torrent.

Nous sommes rentrés à Tübingen le cœur plein.

Depuis lors, mon ami Elias a trouvé un peu de réconfort pour tuer le seigneur Kaspar , mais d'une manière originale.

A peine avait-il obtenu son doctorat qu'il épousa mademoiselle Eva Salomon, dans l'espoir d'avoir une famille nombreuse pour compenser la perte de celle qui avait connu une fin prématurée.

Il y a quatre ans , j'étais à son mariage en tant que témoin, et déjà il y a deux gros bébés qui font la jolie petite maison de la rue Crispin pour se réjouir.

C'était un début prometteur !

Ne me laissez pas être mal compris. Je ne prétends pas dire que la méthode que j'ai prescrite pour faire l'expiation d'une vie enlevée est meilleure que celle enseignée dans notre sainte religion, qui, selon l'Église catholique, consiste à faire des messes et à donner ses biens à l'Église. . Mais je pense que c'est mieux que la pratique hindoue, et je pense que la théorie du fameux bouc émissaire n'est pas comparable à celle que nous enseigne la religion pure.

# UNE NUIT DANS LES BOIS.

## CHAPITRE I.

Mon digne oncle, Bernard Hertzog, l'historien et antiquaire, surmonté de son grand tricorne et de sa perruque, et avec un long mât ferré fermement saisi à la main, descendait un soir par le Luppersberg , hélant tous les jours. tournez dans le paysage avec des exclamations enthousiastes.

Les années n'avaient jamais éteint en lui l'amour du savoir. A soixante ans, il travaillait encore à son *Histoire des Antiquités alsaciennes* et ne se permettait jamais d'écrire un récit complet d'un monument ruiné et dégradé, ou d'une quelconque relique d'autrefois, avant de l'avoir examiné cent fois sous tous les points de vue. .

" Aucun homme, dit-il, qui a eu l'heureux privilège d'être né dans les Vosges, entre Haut Bar, Nideck et Geierstein , n'a à songer à voyager. Où y a-t-il des forêts plus nobles, des sapins et des hêtres plus vieux, de plus belles vallées souriantes, des rochers plus sauvages ? Où est le pays aux possessions plus riches en histoire mémorable ? Ici, dans les temps anciens, se servaient des hauts et puissants seigneurs de Lutzelstein , Dagsberg , Leiningen et Fénétrange , pour combattre vêtus de mailles de la tête aux pieds. " Ici, le fils aîné de l'Église et les dirigeants du Saint-Empire romain germanique échangeaient des coups au Moyen Âge avec des épées longues de deux mètres. Que sont nos guerres comparées à ces terribles batailles où les guerriers se battaient corps à corps, où ils se martelaient les uns les autres. des crânes avec d'énormes haches de combat, et enfonçait le poignard entre les barreaux de la visière fermée ? N'étaient -ce pas là des faits d'armes héroïques ? n'était-ce pas un courage digne d'être raconté à toute la postérité ? Mais nos jeunes veulent voir des choses nouvelles ; ils ne se contentent pas de leur propre pays natal : ils doivent errer à travers l'Allemagne, faire des tournées en France. Pire encore, ils abandonnent la science et ses nobles domaines au profit du commerce, des arts, de l'industrie, comme s'il n'y avait pas eu dans les temps glorieux d'autrefois des arts et des activités industrielles bien plus curieux qu'aujourd'hui ! Témoin la Ligue hanséatique, l'entreprise maritime de Venise, de Gênes et du Levant, les manufactures flamandes, l'art florentin, les triomphes de l'art de Rome et d'Anvers ! Non! tout cela est mis de côté ; les gens se piquent aujourd'hui de leur ignorance de ces jours glorieux ; ils négligent surtout notre chère vieille Alsace. Maintenant, franchement, Théodore, tous ces touristes ne vous rappellent-ils pas des maris qui abandonnent leurs belles et douces épouses légitimes pour courir après de vilaines coquettes ?

Et Bernard Hertzog secouait sa tête savante, les yeux ronds d'émerveillement et d'excitation, comme s'il eût été devant les ruines de Babylone.

Sa prédilection pour les us et coutumes d'autrefois lui faisait porter, depuis quarante ans, l'habit de peluche à jupe ample, la culotte de velours, les bas de soie noire et les boucles de souliers d'argent de nos grands-pères. Il se serait cru déshonoré s'il avait mis un pantalon ; et couper sa natte aurait été un acte profane.

Le digne chroniqueur se rendait donc à Haslach , le 3 juillet 1835, pour examiner de ses propres yeux un petit Mercure en bronze récemment découvert dans l'ancien cloître des Augustins .

Il trottait avec un arrêt assez élastique sous un soleil brûlant. Les montagnes se succédaient, les vallées s'enfonçaient dans d'autres vallées, le sentier montait, puis redescendait, tournait tantôt à droite, tantôt à gauche, jusqu'à ce que Maître Hertzog commence à se demander comment il se faisait qu'il n'ait pas aperçu le village. Spire il y a une heure.

Le fait est qu'après avoir quitté Saverne , il avait incliné vers la droite et qu'il pénétrait maintenant avec une énergie juvénile dans les bois du Dagsberg . Au train où il allait, en cinq ou six heures il serait arrivé à Phramond , à huit lieues de son but. Mais la nuit tombait à grands pas, le chemin devenait de plus en plus faible et, sous les grands arbres, n'apparaissait plus qu'une trace indistincte.

L'approche de la nuit parmi les montagnes est un spectacle mélancolique ; les ombres s'allongent dans les vallons, le soleil retire, un à un, ses rayons du feuillage qui s'assombrit, le silence s'approfondit de minute en minute. Vous regardez derrière vous ; les groupes et bouquets d'arbres prennent des proportions colossales ; un merle au sommet d'un arbre fait ses adieux au jour qui se termine, puis le silence recouvre tout comme un voile funéraire. On n'entend plus que les feuilles mortes de l'année dernière craquer sous les pieds, et au loin, très loin, une cascade qui remplit la vallée de son bourdonnement monotone. Bernard Hertzog commença à haleter un peu ; ses vêtements collaient à sa peau avec la transpiration qui coulait. Ses jambes commençaient à donner des signes d'abandon.

"Confondre cet insensé Mercure!" il pleure. « En ce moment, j'aurais dû être tranquille chez moi dans mon propre fauteuil, et Berbel , selon sa louable habitude, aurait dû m'apporter sur un plateau une tasse de café chaud et fumant, pendant que je termine mon café. chapitre sur l'ancienne armurerie du Nideck ... Au lieu de cela, me voici patauger dans des trous, trébucher partout, et supposer que je me suis tout à fait égaré et que je me suis ensuite cassé le cou ! Voilà !... Je l'ai dit ! Était-ce un arbre contre lequel je me suis cogné ? Cent mille interdits et malédictions s'abattent sur Mercure et sur

Haas, l'architecte, qui m'a fait venir voir ! et sur les canailles aussi qui l'ont déterré ! Je parierais que le tant vanté Mercure n'est qu'un objet défiguré. et un morceau de pierre corrodé, sans nez ni jambes, quelque difformité informe comme ce petit Hésus l'année dernière à Marienthal ... Oh, vous les architectes ! vous les architectes ! — vous trouvez toujours des antiquités partout. Heureusement , je n'avais pas mes lunettes, ou je J'aurais dû les écraser contre cet arbre, mais maintenant je serai obligé de trouver un lit quelque part parmi les buissons. Quelle route c'est ! — rien que des ornières, des trous, des fosses, des roches et des rochers !

Dans un de ces moments où le brave homme, épuisé, s'arrêtait pour reprendre haleine, il crut entendre le grincement d'une scie au fond de la vallée. Quelle ne fut pas sa joie lorsqu'il fut certain que c'était bien cela !

« Dieu soit loué ! » s'écria-t-il en reprenant ses esprits ; "Maintenant, continuez à pas arrêtés. Maintenant, je vais me reposer un peu. Quelle leçon cela sera pour moi! La Providence a eu compassion de mes rhumatismes. Quel vieux fou d'aller m'exposer et de devoir m'allonger dans les bois. à mon époque de ma vie, pour ruiner ma santé et saper ma constitution ! Je m'en souviendrai ! Jamais je n'oublierai cet avertissement !

Au bout d'un quart d'heure, le bruit de l'eau qui tombait devint plus distinct ; puis une faible lumière perça les arbres. Maître Bernard se retrouva alors en haut du bois ; il observait au-dessous de la bruyère un ruisseau qui coulait à perte de vue dans la vallée sinueuse, et juste devant lui la scierie avec ses longs poteaux et ses poutres sombres qui se croisaient et se recroisaient dans l'obscurité comme une énorme araignée.

Il traversa le pont à haute arche qui enjambait le barrage impétueux et regarda par la petite fenêtre dans la cabane du bûcheron.

C'était un hangar bas et sombre, adossé à un creux dans la roche. À l'extrémité de la cavité naturelle se trouvait un petit tas de sciure de bois fumante . À l'avant, le toit en planches, alourdi de lourdes pierres, descendait jusqu'à trois pieds du sol ; dans un coin à droite, une espèce de caisse pleine de bruyère séchée ; quelques rondins de chêne, une hache, un banc massif et d'autres instruments de travail se perdaient dans l'ombre. Une odeur résineuse de pin imprégnait l'air, et la fumée rougeâtre tourbillonnait par une fissure du rocher.

Pendant que le bon homme observait ces objets, le bûcheron, sortant du moulin, l'aperçut et s'écria :

— Halloo !... qui est-ce ?

— Je vous demande pardon, pardonnez-moi, dit mon digne oncle un peu étonné. "Je suis un voyageur égaré."

"Hé!" s'écria l'autre homme ; "Bien guidez-nous ! N'est-ce pas Maître Bernard, de Saverne ? De rien, Maître Bernard. Vous ne me connaissez pas ?"

"Non, en effet ! Comment devrais-je le faire dans cette nuit sombre ?"

— *Parbleu !* ... bien sûr que non ! Mais je suis chrétien ; je vous apporte votre tabac de contrebande tous les quinze jours. Mais entrez, entrez ! Nous aurons bientôt du feu.

Ils passèrent penchés sous la petite porte basse, et le bûcheron, après avoir allumé une torche en pin, l'enfonça dans une tige de fer fendue pour servir de chandelier, et une lumière vive, claire et blanche comme le clair de lune, remplit la cabane, éclairant chaque recoin.

Christian, debout en manches de chemise, sa large poitrine découverte et avec un pantalon de toile remonté autour de ses hanches, avait l'air d'un garçon assez bon enfant ; sa barbe fauve descendait en pointe jusqu'à sa taille ; son énorme tête de taureau était couverte de poils bruns hérissés ; ses petits yeux gris inspiraient confiance.

"Asseyez-vous, maître", dit-il en roulant une bûche de bois devant le feu. "Avez-vous faim?"

"Eh bien, tu sais, mon garçon, ton air de montagne excite l'appétit."

" Très bien, vous arrivez à point. J'ai de très bonnes pommes de terre à votre service. "

A l'évocation des pommes de terre, l'oncle Bernard ne put s'empêcher de grimacer ; il se souvenait avec un désir d'affection des bons dîners du vieux Berbel , et avait peine à se rendre aux humbles réalités qui se présentaient à lui.

Christian ne semblait pas y prêter attention ; il tira d'un sac cinq ou six pommes de terre et les mit dans la braise, en ayant soin de les recouvrir entièrement ; puis, s'asseyant sur la pierre du foyer, il alluma sa pipe.

"Mais dites-moi, maître, comment se fait-il que vous soyez ici cette nuit, à six lieues de Saverne , dans les gorges du Nideck ?"

"Les gorges du Nideck !" s'écria mon oncle Bernard en sautant de son siège avec une grande surprise.

"Bien sûr ! Vous pouvez voir les ruines d'ici, à environ deux coups de feu de distance."

Maître Bernard regarda et reconnut bien les ruines du Nideck , telles qu'il les avait décrites au vingt-quatrième chapitre de son *Histoire des Antiquités alsaciennes* , avec leurs hautes tours s'écroulant au pied et dominant l'abîme dans lequel le torrent tombe.

"Mais je pensais être près de Haslach !" s'écria-t-il avec étonnement.

Le bûcheron éclata de rire.

" Haslach !... tu en es à deux lieues ! Je vois ce que c'est. Tu t'es trompé au vieux chêne. Tu as pris le chemin de droite au lieu du chemin de gauche. Quand tu es dans les bois, il faut bien faire attention autour de toi. " Quelques mètres d'erreur au début arrivent aux lieues à la fin ! "

Bernard Hertzog fut consterné par cette découverte.

« Six lieues de Saverne , murmura-t-il, et toutes les montagnes ! — et s'il faut que j'en fasse encore deux demain, ce sera huit !

"Oh, ne vous en faites pas ! Je vais vous guider jusqu'à la route qui descend dans la vallée. Et n'oubliez pas. Vous avez beaucoup de chance."

" Chanceux ? Tu plaisantes avec moi, Christian. "

"Oui, tu as de la chance. Tu aurais peut-être dû passer la nuit dans les bois. Il y a un orage qui arrive du Schnéeberg ; si ça t'avait rattrapé, tu aurais peut-être eu des raisons de te plaindre, avec la pluie dans le dos et le tonnerre. et des éclairs tout autour. Mais maintenant tu vas dormir dans un bon lit, » en montrant la boîte dans le coin ; tu dormiras là comme une bûche, et demain, quand le soleil sera levé, nous partirons ; tu seras reposé et tu arriveras à temps.

"Tu es bien gentil, Christian", dit l'oncle Bernard les larmes aux yeux. "Donnez-moi une pomme de terre, et ensuite j'irai me coucher. Je suis plus fatigué qu'autre chose. Je n'ai pas faim. Une pomme de terre chaude me suffira amplement."

"Voici un couple farineux comme des châtaignes. Goûtez ça, maître; prenez un petit verre de kirschwasser , puis allongez-vous. Je dois me remettre au travail. Il me faut encore scier quinze planches avant de pouvoir me coucher. "

Christian se leva, posa la bouteille d' eau de kirsch sur le rebord de la fenêtre et sortit. Le mouvement alternatif de la scie, qui avait cessé pour un temps, recommençait au milieu du torrent.

Maître Hertzog, tout étonné qu'il fût de se trouver dans ces solitudes lointaines entre le Dagsberg et les ruines du Nideck , resta longtemps à méditer sur ce qu'il devait faire pour rejoindre ses dieux domestiques ; puis, glissant au fil de ses méditations habituelles, il parcourut les légendes et les chroniques fabuleuses, héroïques ou barbares des anciens seigneurs de ce pays. Il retourna aux Tribocci , cette nation allemande installée autour de Strasbourg, se souvenant de Clovis, Chilpéric , Théodoric, Dagobert, de la lutte acharnée entre Brunehaut , reine d'Austrasie, et Frédégonde , reine de Chilpéric de France, et bien d'autres héros et héroïnes. Tous ces personnages farouches passaient en revue sous ses yeux. Le vague murmure des arbres, la noirceur d'encre des rochers favorisaient cette étrange invocation. Tous les personnages distingués de sa chronique étaient là, et parmi eux le sanglier, le loup et l'ours.

Enfin, ne pouvant plus tenir, le brave homme accrocha son tricorne à une cheville du mur et se coucha sur la bruyère. Le grillon chantait son chant monotone dans l'âtre, quelques étincelles survivantes couraient çà et là dans le feu qui couvait , ses paupières tombèrent et il dormit d'un sommeil profond et profond.

---

# CHAPITRE II.

Maître Bernard Hertzog dormait depuis deux heures, et l'ébullition de l'eau du bief rivalisait seule avec le bruit de ses ronflements bruyants, quand tout à coup une voix gutturale, surgissant au milieu du profond silence, cria :

" Dröckteufel ! Dröckteufel ! as-tu tout oublié ?"

La voix était si perçante que maître Bernard, réveillé en sursaut, sentit ses cheveux ramper d'horreur. Il se souleva sur son coude et écouta de nouveau avec des yeux commençant par l'étonnement. La cabane était sombre comme une cave ; il écoutait, mais pas un souffle, pas un son ne venait ; seulement au loin, bien au-delà des ruines, un rugissement sourd et lointain se fit entendre parmi les montagnes.

Bernard, le cou tendu, poussa un profond soupir ; en une minute, il commença à balbutier :

"Qui est là ? Que veux-tu ?"

Mais aucune réponse n'est venue.

"C'était un rêve", dit-il en se laissant tomber sur son canapé chiné. "Je devais être allongé sur le dos. Il n'y a rien du tout dans les rêves et les cauchemars, rien ! rien !"

Mais au milieu du silence rétabli, le même cri douloureux se répéta de nouveau :

" Dröckteufel ! Dröckteufel ! "

Et comme maître Bernard, assez hors de lui, se préparait à une fuite instantanée, mais la face contre le mur, et ne pouvant bouger de son lit, la voix, dans un chant dissonant, avec des pauses et des accents étranges, reprit :

" La reine Faileube , fiancée à notre roi Chilpéric — la reine Faileube , apprenant que la Septimanie , la gouvernante des jeunes princes, avait conspiré contre la vie du roi — la reine Faileube dit au seigneur : " Monseigneur, la vipère attend que vous soyez endormie pour te faire une blessure mortelle. Elle a conspiré avec Sinnégisile et Gallomagus contre ta vie ! Elle a empoisonné son mari, ton fidèle Jovius , pour vivre avec Dröckteufel . Que ta colère descende sur elle comme un éclair, et ta vengeance d'un coup sanglant. épée!' Et Chilpéric , réunissant tout son conseil dans le château de Nideck , dit : "Nous avons chéri une vipère ; elle a comploté notre mort. Qu'elle soit coupée en trois morceaux. Que Dröckteufel , Sinnégisile et Gallomagus périssent avec elle ! Que les corbeaux réjouir!' Et les vassaux criaient : « Qu'il en soit ainsi ! La colère de Chilpéric est un abîme dans lequel ses ennemis tombent et périssent ! Alors Septimanie fut amenée à la torture et à l'examen ; un anneau de fer fut noué autour de ses tempes ; on le resserra ; ses yeux s'écarquillèrent ; sa bouche sanglante murmurait : « Seigneur roi, j'ai offensé. Dröckteufel , Gallomagus , et Sinnégisile ont aussi conspiré ! Et la nuit suivante, un guirlande de cadavres pendait et se balançait aux tours du Nideck ! Les immondes oiseaux de proie se réjouissaient du riche butin. Dröckteufel , que n'aurais-je pas fait pour toi ? Je t'aurais eu roi d'Austrasie, et tu tu m'as oublié!"

La voix gutturale s'abaissa, et mon oncle Bernard, plus mort que vif, poussant un soupir de terreur, murmura :

je n'ai jamais fait de mal à personne ! Je ne suis qu'un pauvre vieux chroniqueur ! Que je ne meure pas sans absolution, loin du secours de l'Église !

La grande caisse en bois pleine de bruyère semblait à chaque effort s'échapper pour s'enfoncer de plus en plus profondément. Le pauvre homme crut descendre dans un gouffre, quand, heureusement, Christian reparut en criant :

"Eh bien, maître Bernard, qu'est-ce que j'ai dit ? voici l'orage."

Et voilà que la cabane fut un instant pleine d'une lumière éblouissante, et mon digne oncle, qui était couché face à la porte, voyait toute la vallée éclairée, avec ses innombrables sapins serrés le long des pentes de la vallée jusqu'au bord de l'eau. l'herbe des champs, ses rochers entassés au bord de la rivière, qui roulait ses vagues bleues sulfureuses sur les rochers arrondis du ravin, et les tours du Nideck s'élevant fièrement dans les airs à quinze cents pieds de hauteur.

Puis l'obscurité recouvrit tout à nouveau. C'était le premier éclair.

Mais à cet instant, il aperçut une étrange silhouette accroupie au fond de la cabane, sans pouvoir distinguer de quoi il s'agissait réellement.

De grosses gouttes commençaient à crépiter sur le toit. Christian alluma un jonc, et voyant maître Bernard les mains agrippées convulsivement au bord de sa boîte de bruyère, et le visage couvert de sueurs froides, il s'écria :

"Pourquoi ! Maître Bernard ! qu'avez-vous ?"

Mais, sans répondre, il se contenta de désigner la silhouette blottie dans un coin ; c'était une vieille femme si avancée dans l'extrême vieillesse, si jaune et ridée, avec un nez si crochu, des doigts si maigres et des lèvres si maigres, qu'elle ressemblait à une vieille chouette sans plumes. Il ne restait que quelques cheveux à l'arrière de sa tête ; le reste de son crâne était aussi dépourvu de couverture qu'un œuf. Une robe de lin en lambeaux et élimée recouvrait sa pauvre silhouette squelettique. Elle était aveugle et l'expression de son visage était celle d'une rêverie constante.

Christian, remarquant le regard interrogateur de mon oncle, tourna la tête et dit doucement :

"C'est la vieille Irmengarde , la vieille conteuse de légendes. Elle attend de mourir que la vieille tour tombe dans le torrent."

L'oncle Bernard, stupéfait, regardait le bûcheron ; il ne semblait pas enclin à plaisanter ; au contraire, il avait l'air sérieux.

" Viens, Christian, " dit le brave homme, " tu veux faire ta plaisanterie. "

" Blague ! non en effet, vieille et faible comme vous la voyez, cette vieille femme sait tout ; l'esprit des ruines est en elle. Elle vivait quand vivaient les vieux seigneurs du château. "

Maintenant, mon vieil oncle était sur le point de tomber à la renverse devant cette révélation stupéfiante.

"Mais que veux-tu dire ?" il pleure; "Le château du Nideck est en panne depuis mille ans !"

"Et si c'était deux mille ans ?" dit le bûcheron en faisant le signe de croix tandis qu'un nouvel éclair éclairait la vallée ; " Qu'est-ce que cela prouve ? L'esprit des ruines vit en elle. Irmengarde a vécu cent huit ans avec cet esprit en elle. Avant elle, c'était dans la vieille Edith de Haslach ; avant Edith dans quelque autre... "

"Tu crois ça ?"

"Est-ce que je le crois ! C'est aussi sûr, maître Bernard, que le soleil reviendra dans trois heures. La mort est la nuit, la vie est le jour. Après la nuit vient le jour, puis la nuit encore, et ainsi de suite sans fin. Le soleil est l'âme du ciel, le grand esprit qui est en nous tous, et les âmes des saints sont comme les étoiles qui brillent dans la nuit et qui ne cesseront de revenir. »

Bernard Hertzog ne répondit plus un mot, mais s'étant levé, il commença à considérer avec méfiance l'aspect de cette vieille femme, immobile dans une niche creusée dans le roc. Il remarqua au-dessus de la niche une gravure grossière sur la pierre représentant trois arbres dont les branches se touchaient et formaient une sorte de couronne ; plus bas, trois crapauds taillés dans le granit. Trois arbres sont les bras des Tribocci ( *dreien büchen* ), trois crapauds sont les armes des rois mérovingiens.

Quelle ne fut pas la surprise du vieux chroniqueur ! La convoitise remplaçait désormais l'alarme.

« Ici, pensa-t-il, se trouve le plus ancien monument de la race franque en Gaule. Cette vieille femme me fait penser à une reine déchue, laissée ici comme une relique d'âges révolus. Mais comment emporter la niche ?

Il commença à réfléchir.

Puis on entendit au loin dans les bois le piétinement des sabots de nombreux bovins et des mugissements profonds. La pluie tombait plus vite ; les éclairs, comme des vols d'oiseaux effrayés dans l'obscurité, se touchaient par le bout de leurs ailes ; on n'attendait jamais le départ d'un autre, et le roulement du tonnerre devenait incessant et terrible.

Bientôt la tempête atteignit la gorge même du Nideck , la surplomba de près et fondit avec une fureur implacable ; les explosions se succédaient sans relâche. C'était comme si les montagnes elles-mêmes tombaient.

A chaque nouveau choc, l'oncle Bernard reculait, avec l'impression que la foudre lui descendait dans le dos.

« Le premier Tribocée qui construisit une hutte pour se couvrir la tête n'était pas un imbécile », pensait-il. "C'était un homme sensé, avec une certaine expérience des changements atmosphériques. Que serions-nous devenus dans cette situation critique si nous n'avions pas eu un toit au-dessus de nos têtes ? Nous serions grandement à plaindre. L'invention de ce Triboccus était tout aussi utile que celui de la machine à vapeur ; quel dommage que son nom ne soit pas connu ! »

Le digne homme avait à peine terminé ses réflexions, qu'une jeune fille de seize ans, coiffée d'un chapeau de paille à très larges bords, ses jupes blanches dégoulinantes de pluie et ses petits pieds nus couverts de sable, s'avança vers la porte et dit :

« Que le Seigneur vous bénisse ! »

"Amen", répondit solennellement Christian.

Cette jeune fille était du plus pur type Scandinave, avec des joues roses sur un visage d'une blancheur pure, et de longues tresses ondulées, si blondes et si soyeuses que la plus fine paille de blé pouvait difficilement supporter la comparaison. Sa silhouette était grande et élancée, et ses yeux bleus rayonnaient d'une douceur inexprimable.

Maître Bernard resta quelques instants en admiration, et le bûcheron, s'adressant gentiment à la jeune fille, dit :

"Je suis content de te voir, Fuldrade . Irmengarde dort encore. Quelle tempête ! Est-ce qu'elle touche déjà à sa fin ?"

"Oui, le vent le pousse vers la plaine. Ce sera fini avant le jour."

Puis, sans regarder maître Bernard, elle alla s'asseoir devant la vieille femme, qui semblait maintenant revivre.

« Fuldrade , murmura-t-elle, la grande tour est-elle encore debout ?

"Oui."

La vieille femme baissa la tête et ses lèvres remuèrent.

Après les derniers coups de tonnerre, la pluie tomba à torrents. Tout au long de la vallée, on entendait le battement incessant et bruyant des feuilles de pluie qui tombaient, et le ruissellement du ruisseau gonflé, puis, par intervalles, après une brève cessation de la pluie, à nouveau le fracas plus lourd d'averses répétées et plus violentes.

Entre les grosses averses, le tintement que l'oncle Bernard avait discerné au loin à son réveil devenait peu à peu plus distinct, et arrivait enfin sous la fenêtre de la cabane, et presque aussitôt cinq têtes de belles vaches à longues cornes, tachetées également de blanc et de blanc. noir, apparut à la porte.

"Pourquoi ! voici Waldine !" s'écria Christian en riant ; "elle te cherche, Fuldrade ."

La douce créature entra calmement et tranquillement et sembla examiner la vieille Irmengarde .

"S'en aller!" s'écria Fuldrade ; "Viens avec les autres !"

Et la génisse obéissante se retourna vers la porte de la cabane.

Mais les flots qui tombaient semblaient lui donner matière à réflexion, car elle restait là tranquillement, contemplant le déluge, et balançant lentement sa belle tête, beuglant d'un ton profond et discret.

L'air frais pénétrait maintenant dans la cabane et apportait avec lui les doux parfums de chèvrefeuille et d'églantines, excités par la pluie fraiche. Tous les oiseaux des bois, rouges-gorges, grives et merles, formaient un concert sous les arbres ; l'air était rempli des petites histoires d'amour des oiseaux heureux et du battement de leurs ailes impatientes.

Alors maître Bernard, revenu de sa rêverie, fit quelques pas dehors, leva les yeux, et contempla les nuages blancs et laineux qui traversaient en toute hâte le ciel encore troublé. Sur la colline d'en face, il voyait tout le troupeau de bœufs, tous couchés à l'abri sous les rochers en surplomb, les uns paresseusement étendus, les genoux pliés sous eux, les yeux endormis ; d'autres, le cou tendu, beuglaient solennellement. Quelques jeunes animaux regardaient les festons suspendus de chèvrefeuille et semblaient apprécier l'air doux qui s'en échappait.

Toutes ces formes et attitudes diverses se détachaient nettement sur le fond rougeâtre du rocher ; et l'immense voûte élargie de la caverne, avec son écrin de chênes et de pins dont les racines tordues apparaissaient là où elles avaient percé le rocher, donnait au spectacle un air majestueux de grandeur.

— Eh bien, maître Bernard, s'écria Christian, il fait grand jour ; ne valait-il pas mieux commencer ?

Puis, parlant à Fuldrade , qui semblait plongé dans ses pensées :

" Fuldrade , ce vieux monsieur ne peut pas boire notre kirschwasser , pourtant je ne peux pas lui offrir de l'eau. Avez-vous quelque chose de mieux ? "

Fuldrade prit un seau à lait et, jetant un regard intelligent à Christian, sortit.

« Attendez un instant, » dit-elle ; "Je serai ici directement."

Elle trébucha rapidement dans la prairie humide ; les gouttes de pluie, rassemblées dans les grandes feuilles, se déversaient autour de ses pieds en petits ruisseaux cristallins. A son approche de la grotte, les plus belles vaches se levèrent comme pour saluer leur jeune maîtresse. Elle les caressa tous et, s'étant assise, se mit à en traire une, une belle vache blanche, qui, immobile, les yeux mi-clos, semblait reconnaissante de cette préférence.

Quand son seau fut plein , Fuldrade revint en toute hâte et, le présentant à Bernard, dit en souriant :

"Bois autant que tu veux; c'est ainsi qu'on boit le lait chaud de la vache à la campagne."

Ce qui fut fait aussitôt, le brave homme la remerciant à plusieurs reprises, et louant l'excellence de ce lait mousseux, parfumé pour ainsi dire aux plantes aromatiques sauvages du Schnéeberg , Fuldrade parut content de ses éloges, et Christian, qui avait enfila sa blouse, debout derrière eux, le bâton à la main, attendit la fin de ces compliments pour crier :

"Maintenant, maître, en route ! Nous avons maintenant suffisamment d'eau pour faire tourner le moulin pendant six semaines sans nous arrêter, et je dois être de retour à neuf heures."

Et ils partirent en suivant le chemin de gravier qui passe sous la colline.

"Adieu!" dit maître Bernard à la jeune fille, qui inclina doucement la tête sans parler ; "Adieu ! et que Dieu vous rende toujours heureux !"

Le lendemain, vers six heures du soir, Bernard Hertzog, revenu à Saverne , était assis devant son bureau et racontait dans son chapitre sur les antiquités du Dagsberg , sa découverte des armes mérovingiennes dans la cabane du bûcheron du Nideck . Puis il prouva que le nom de Tribocci , ou Triboques , était dérivé de l'allemand *drei. büchen* , c'est-à-dire trois hêtres. Comme preuve convaincante, il citait les trois arbres et les trois crapauds du Nideck , que nos rois ont transformés en trois *fleurs de lys* .

Tous les antiquaires d'Alsace lui enviaient cette admirable et intéressante découverte. Sur les deux rives du Rhin , il était connu comme docteur, doctissimus , eruditus Bernardus, titres triomphaux sous lesquels il s'étendait avec une honnête fierté, tandis qu'il essayait de porter ses honneurs avec une gravité convenable.

Et maintenant, mes chers amis, si vous êtes curieux de savoir ce qu'est devenue la vieille Irmengarde , référez-vous au deuxième volume des *Annales archéologiques de Bernard Hertzog* , où sous la date du 16 juillet 1836, vous trouverez la déclaration suivante : —

« La vieille conteuse de légendes Irmengarde , surnommée « *L'âme des ruines* », est morte cette nuit dans la cabane du bûcheron Christian. Merveilleux à raconter, à la même heure, presque à la même minute, la tour principale du Nideck est tombée . , et a été emporté par la cascade en contrebas.

« Telle est la fin du plus ancien monument connu de l'architecture mérovingienne, dont dit l'historien Schlosser, etc., etc.

# LA REINE DES ABEILLES.

« En allant de Motiers-Navers à Boudry , en allant à Neufchâtel, dit le jeune professeur de botanique, on suit une route entre deux murs de rochers d'une hauteur immense ; ils atteignent une élévation perpendiculaire de cinq ou six cents pieds. , et sont ornés de plantes sauvages, le basilic des montagnes (thymus alpinus ), le ferus (polypodium), l'airelle ( vitis idoea ), du lierre terrestre et d'autres plantes grimpantes produisant un effet merveilleux.

« La route serpente le long de ce défilé ; elle monte, descend, tourne, tantôt assez plate, tantôt brisée et abrupte, selon les mille irrégularités du terrain. Des rochers gris se rejoignent presque en un arc au-dessus, d'autres s'écartent largement, laissant le lointain bleu visible, et découvrant des profondeurs sombres et mélancoliques, et des rangées de sapins à perte de vue.

« La Reuss coule au fond, tantôt bondissant en cascades, tantôt rampant à travers les fourrés, ou fumant, écumant et tonnant sur les précipices, tandis que les échos prolongent le tumulte et le rugissement de ses torrents dans un immense bourdonnement sans fin. Depuis que j'ai quitté Tübingen le temps avait continué à être beau ; mais lorsque j'arrivai au sommet de ce gigantesque escalier, éloigné d'environ deux lieues du petit hameau de Novisaigne , je remarquai tout à coup de gros nuages gris qui commençaient à passer au-dessus de moi, qui bientôt remplirent entièrement le défilé ; cette vapeur était si dense qu'elle pénétra bientôt dans mes vêtements comme l'aurait fait une forte rosée.

" Bien qu'il ne soit que deux heures de l'après-midi, le ciel s'est couvert comme si l'obscurité tombait ; et j'ai pressenti qu'un gros orage allait éclater sur ma tête.

" Je me mis donc à chercher un abri, et j'aperçus, par une de ces larges ouvertures qui offrent une perspective sur les Alpes, distantes d'environ deux ou trois cents mètres sur la pente qui descend au lac, un châlet gris d'aspect ancien. , couverte de mousse, avec ses petites fenêtres rondes et son toit en pente chargé de grosses pierres, son escalier extérieur à la maison, avec une rampe sculptée, et son balcon en forme de panier, sur lequel les jeunes filles suisses accrochent généralement leur linge de neige et leurs jupons écarlates pour sec.

« Juste au moment où je baissais les yeux, une grande femme coiffée d'une casquette noire pliait et ramassait le linge qui s'envolait au gré du vent.

« A gauche de ce bâtiment, un très grand rucher soutenu par des poutres, disposé en balcon, formait une saillie au-dessus de la vallée.

" Vous pouvez facilement croire que sans perdre un instant je suis parti à travers la bruyère pour chercher un abri contre la tempête qui s'approchait, et bien je n'ai pas perdu de temps, car j'avais à peine posé la main sur la poignée de la porte. avant que l'ouragan n'éclate furieusement au-dessus de nous ; chaque rafale de vent semblait sur le point d'emporter la chaumière ; mais ses fondations étaient solides, et la sécurité des bonnes gens qui s'y trouvaient, par la chaleur de leur accueil, me rassurait complètement sur la probabilité d'un incident. accident.

"Le chalet était habité par Walter Young, sa femme Catherine et la petite Raesel , leur fille unique.

" Je restai trois jours avec eux ; car le vent, qui tombait vers minuit, avait tellement rempli de brume la vallée de Neufchâtel, que la montagne où je m'étais réfugié en était entièrement enveloppée ; il était impossible de marcher à vingt pas de là. la porte sans éprouver de grandes difficultés à la retrouver.

« Chaque matin, ces braves gens disaient, quand ils me voyaient attacher mon sac à dos :

" ' Que faites-vous, M. Hennetius ? Vous ne pouvez pas encore vouloir partir ; vous n'arriverez jamais nulle part. Au nom du Ciel, restez ici encore un peu !'

"Et Young ouvrait la porte et s'exclamait :

« Regardez, monsieur ; vous devez être fatigué de votre vie pour la risquer parmi ces rochers. Eh bien, la colombe elle-même serait troublée de retrouver l'arche dans un tel brouillard. »

"Un seul coup d'œil sur le flanc de la montagne m'a suffi pour me décider à remettre mon bâton dans le coin.

"Walter Young était un homme des temps anciens. Il avait près de soixante ans; sa grande tête avait une expression calme et bienveillante, une vraie tête d'apôtre. Sa femme, qui portait toujours un bonnet de soie noire, pâle et pensive, lui ressemblait beaucoup dans Leurs deux profils, que je regardais nettement définis sur les petites vitres des fenêtres du chalet, me rappelaient ces dessins d'Albert Dürer dont la vue me ramenait à l'âge de la foi et aux mœurs patriarcales. XVe siècle. Les longues chevrons bruns du plafond, la table en bois de sapin, les chaises en cendre aux dossiers sculptés, les gobelets en étain, le buffet avec ses assiettes et plats peints à l'ancienne, le crucifix avec le Sauveur sculpté en boîte sur une croix d'ébène, et le coffret vermoulu, avec ses nombreux poids et son cadran de porcelaine, complétait l'illusion.

"Mais le visage de leur petite fille Raesel était encore plus touchant. Je crois la voir maintenant, avec son bonnet plat en crin de cheval et ses rubans de soie noire moirée, son corsage galonné et sa large ceinture bleue descendant jusqu'aux genoux, ses petites mains blanches croisées. dans l'attitude d'une rêveuse, ses longues boucles blondes, tout cela avait un caractère gracieux, élancé et aérien. Oui, je vois maintenant Raesel , assise dans un grand fauteuil de cuir, près du rideau bleu de la niche de au fond de la pièce, souriante tandis qu'elle écoutait et méditait.

« Son doux visage m'avait charmé dès le premier instant où je l'avais vue et j'étais continuellement sur le point de me demander pourquoi elle avait un air si mélancolique, pourquoi elle tenait si invariablement son visage pâle vers le bas et pourquoi ne la relevait jamais. les yeux quand on lui parle ?

" Hélas ! la pauvre enfant était aveugle depuis sa naissance.

"Elle n'avait jamais vu la vaste étendue du lac, ni sa nappe bleue se fondant si harmonieusement avec le ciel, les bateaux de pêcheurs qui labouraient sa surface, les hauteurs boisées qui le couronnaient et jetaient sur ses eaux leur reflet frémissant, les rochers couverts de mousse, les plantes vertes des Alpes dans leurs couleurs vives et brillantes , ni le soleil se coucher derrière les glaciers, ni les longues ombres du soir se dessiner sur les vallées, ni les genêts dorés, ni les bruyères sans fin, rien. avait-elle jamais vu ; rien de ce que nous voyions chaque jour depuis les fenêtres du chalet.

« Quel commentaire ironique sur les dons de la Fortune ! » pensai-je, tandis que j'étais assis à regarder par la fenêtre la brume, dans l'attente que le soleil réapparaisse, "être aveugle en cet endroit ! ici en présence de la nature dans sa forme la plus sublime , d'une grandeur si illimitée ! " Être aveugle " Oh, Dieu tout-puissant, qui oserait contester vos décrets impénétrables, ou qui oserait murmurer contre la sévérité de votre justice, même lorsque son poids retombe sur un enfant innocent ? Mais être ainsi aveugle en présence de vos plus grandes créations. , de créations qui renouvellent sans cesse notre enthousiasme, notre amour et notre adoration pour ton génie, ta puissance et ta bonté : de quel crime cette pauvre enfant a-t-elle pu se rendre coupable ainsi pour mériter ton châtiment ?

"Et mes réflexions revenaient continuellement sur ce sujet.

"Je me demandais aussi quelle compensation la pitié divine pouvait faire à sa créature pour la privation de sa plus grande bénédiction, et n'en trouvant aucune, je commençai à douter de sa puissance.

"'L'homme, dans sa présomption,' dit le poète royal, 'ose se glorifier dans sa connaissance et juger l'Éternel. Mais sa sagesse n'est que folie et sa lumière obscurité.'

" Oh, ce jour-là, un des grands mystères de la nature m'a été révélé, sans doute dans le but d'humilier ma vanité, et de m'apprendre que rien n'est impossible à Dieu, et qu'il n'est en son pouvoir que de multiplier nos sens, et par ainsi Je fais plaisir à ceux qui lui plaisent. »

Ici le jeune professeur prit une pincée de sa tabatière en écaille, leva les yeux au plafond d'un air contemplatif, puis, après une courte pause, reprit en ces termes :

" Cela ne vous arrive-t-il pas souvent, mesdames, lorsque vous êtes à la campagne par beau temps en été, surtout après un bref orage, lorsque l'air est chaud et que les exhalaisons du sol l'emplissent du parfum de milliers de plantes. , et leur doux parfum vous pénètre et vous réchauffe ; quand le feuillage des arbres des avenues solitaires, comme celui des buissons, semble se pencher sur vous comme s'il cherchait à vous prendre dans ses bras et à vous embrasser ; quand le moindre les fleurs, l'humble marguerite, le myosotis bleu, les liserons des haies lèvent la tête et vous suivent d'un regard nostalgique - ne vous arrive-t-il pas d'éprouver une inexprimable sensation de langueur, de soupirer sans raison apparente , et même avoir envie de verser des larmes et de vous demander : "Pourquoi ce sentiment d'amour m'opprime-t-il ? pourquoi mes genoux fléchissent-ils sous moi ? d'où viennent ces larmes ?"

" D'où en effet, mesdames ? Pourquoi de la vie et des milliers d'êtres vivants qui vous entourent, se penchent vers vous et vous appellent à rester avec eux, pendant qu'ils murmurent doucement : " Nous vous aimons ; aimez-nous et ne partez pas. nous.'

" Vous pouvez donc facilement imaginer le profond sentiment d'enthousiasme et le sentiment religieux d'une personne toujours dans un état d'extase similaire. Même aveugle, abandonné par ses amis, pensez-vous qu'il n'y a rien à envier à son sort ? ou que sa destinée n'est-elle pas infiniment plus heureuse que la nôtre ?... Pour ma part, je n'en doute pas le moins du monde.

"Mais vous direz sans doute qu'une telle condition est impossible : l'esprit de l'homme s'effondrerait sous une telle charge de bonheur. Et d'ailleurs, d'où pourrait provenir un tel bonheur ? Quels organes pourraient transmettre, et où pourrait-il trouver, une telle sensation de vie universelle ?

" Ceci, mesdames, est une question à laquelle je ne peux vous donner aucune réponse ; mais je vous demande d'écouter et ensuite de juger.

« Le jour même de mon arrivée au chalet, j'avais fait une remarque singulière : la jeune aveugle était particulièrement inquiète à propos des abeilles.

"Pendant que le vent rugissait sans Raesel, assise, la tête sur les mains, écoutant attentivement.

" " Père, dit-elle, je crois qu'au bout du rucher la troisième ruche à droite est encore ouverte. Allez voir. Le vent souffle du nord ; toutes les abeilles sont chez elles ; vous pouvez fermer la ruche. '

« Et son père étant sorti par une porte latérale, en revenant il dit :

"'Tout va bien, mon enfant, j'ai fermé la ruche.'

« Une demi-heure après, la jeune fille, sortant encore une fois de sa rêverie, murmura :

"'Il n'y a plus d'abeilles par ici, mais sous le toit du rucher il y en a quelques-unes qui attendent ; elles sont dans la sixième ruche près de la porte ; vas-y, s'il te plaît, laisse-les entrer, mon père.'

" Le vieillard sortit aussitôt de la maison. Il resta absent plus d'un quart d'heure ; puis il revint et dit à sa fille que tout était comme elle le souhaitait : les abeilles venaient d'entrer dans leur ruche.

" L'enfant hocha la tête et répondit :

"'Merci pere.'

"Puis elle parut de nouveau somnoler.

" J'étais debout près du poêle, perdu dans un labyrinthe de réflexions ; comment cette pauvre fille aveugle pouvait-elle savoir que de telle ou telle ruche il manquait encore quelques abeilles, ou que telle ruche était restée ouverte ? Cela paraissait inexplicable à mes yeux. mais étant dans la maison depuis à peine une heure, je ne me sentais pas autorisé à poser à mes hôtes des questions sur leur fille, car il est parfois pénible de parler aux gens sur des sujets qui les intéressent de très près. J'en conclus que Young cédant aux fantaisies de sa fille pour lui faire croire qu'elle rendait quelque service à la famille, et que sa prévoyance protégeait les abeilles de plusieurs accidents. Cela me paraissait l'explication la plus simple que je pouvais imaginer, et je n'y pensais plus.

«Vers sept heures, nous avons soupé de lait et de fromage, et quand il était temps de se retirer, Young m'a conduit dans une chambre de bonne taille au premier étage, avec un lit et quelques chaises, lambrissées de sapin, comme c'est généralement le cas dans les chambres. un plus grand nombre de châlets suisses Vous n'êtes séparé de vos voisins que par une cloison en sapin et vous pouvez entendre chaque pas et presque chaque mot.

"Cette nuit-là, j'ai été bercé par le sifflement du vent et le bruit de la pluie qui frappait les vitres. Le lendemain, le vent était tombé et nous étions enveloppés dans la brume. Quand je me suis réveillé, j'ai trouvé mes fenêtres assez calmes. blanc, tout cotonneux de brume. Quand j'ouvris ma fenêtre , la vallée ressemblait à un immense poêle ; les cimes de quelques sapins se détachaient seules sur le ciel ; en bas, les nuages étaient en couches régulières jusqu'à la surface du ciel. lac; tout était calme, immobile et silencieux.

"Quand je descendis au salon, je trouvai mes hôtes attablés, sur le point de commencer le petit déjeuner.

"'Nous vous attendions', s'écria Young gaiement.

« Vous devez nous excuser », dit la mère ; « c'est notre heure habituelle de petit-déjeuner. »

« Bien sûr, bien sûr ; je vous suis reconnaissant de ne pas avoir remarqué ma paresse. »

" Raesel était beaucoup plus vive que la veille au soir ; elle avait les joues fraîches .

« Le vent est tombé, dit-elle ; la tempête s'est dissipé sans faire de mal. »

« « Dois-je ouvrir le rucher ? » » demanda Young.

" " Non, pas encore ; les abeilles se perdraient dans cette brume. D'ailleurs, tout est inondé de pluie ; les ronces et les mousses sont pleines d'eau ; le moindre souffle de vent en noierait beaucoup. Il faudra attendre encore un peu. " Je sais ce qui se passe : ils se sentent ennuyeux, ils ont envie de travailler, ils sont tourmentés à l'idée de dévorer leur miel au lieu d'en faire. Mais je ne peux pas me permettre de les perdre. Beaucoup de ruches sont faibles, elles mourraient de faim. en hiver, nous verrons quel temps il fera demain.

"Les deux personnes âgées étaient assises et écoutaient sans faire aucune observation.

« Vers neuf heures, la jeune aveugle proposa d'aller visiter ses abeilles ; Young et Catherine la suivirent, et je fis de même, par un sentiment de curiosité très naturel.

« Nous traversâmes la cuisine par une porte qui donnait sur une terrasse. Au-dessus de nous se trouvait le toit du rucher ; il était en chaume, et à son rebord pendaient des chèvrefeuilles et des raisins sauvages en festons magnifiques. Les ruches étaient disposées sur trois étagères. .

" Raesel allait de l'un à l'autre, les caressait et murmurait :

« Ayez un peu de patience ; il y a trop de brume ce matin. Ah ! les gourmands, comme ils râlent ! »

" Et on entendait un vague bourdonnement à l'intérieur de la ruche, qui augmentait en intensité jusqu'à son passage.

" Cela éveilla une fois de plus toute ma curiosité. Je sentis qu'il y avait quelque étrange mystère que je ne parvenais pas à comprendre, mais quelle ne fut pas ma surprise, quand, en entrant dans le salon, j'entendis la jeune fille aveugle dire d'un ton mélancolique : voix-

« Non, mon père, j'aimerais mieux ne pas voir du tout aujourd'hui plutôt que de perdre les yeux. Je chanterai, je ferai quelque chose pour passer le temps, peu importe ; mais je ne laisserai pas sortir les abeilles. »

"Pendant qu'elle parlait de cette manière étrange , j'ai regardé Walter Young, qui a jeté un coup d'œil par la fenêtre et a ensuite répondu doucement :

" "Tu as raison, mon enfant; je pense que tu as raison. D'ailleurs, il n'y a rien à voir; la vallée est toute blanche. Cela ne vaut pas la peine d'être regardée."

" Et tandis que j'étais stupéfait par ce que j'entendais , l'enfant continua :

"'Quel beau temps nous avons eu avant-hier ! Qui aurait pensé qu'une tempête sur le lac aurait causé toute cette brume ? Maintenant il faut replier ses ailes et ramper comme une misérable chenille.'

" Là encore, après quelques instants de silence...

" " Comme je me suis amusé sous les hauts pins du Grinderwald ! Comme le miel tombait du ciel ! Il tombait de chaque branche. Quelle récolte nous avons faite, et comme l'air était doux sur les rives du lac, et dans les riches pâturages de Tannemath , la mousse verte et les herbes odorantes ! Je chantais, je riais et nous remplissions nos cellules de cire et de miel. Comme c'est délicieux d'être partout, de tout voir, de voler en fredonnant dans les bois, le les montagnes et les vallées !

"Il y eut un nouveau silence pendant que j'étais assis, la bouche et les yeux ouverts, écoutant avec la plus grande attention, ne sachant que penser ni que dire.

" " Et quand l'averse arrivait, continua-t-elle, comme nous avions peur ! Un grand bourdon, abrité sous la même fougère que moi, fermait les yeux à chaque éclair ; une sauterelle s'était abritée sous ses grosses branches vertes. " et quelques pauvres petits grillons avaient grimpé sur un coquelicot pour éviter de se noyer. Mais ce qu'il y avait de plus effrayant, c'était un nid de parulines tout près de nous, dans un buisson. La mère tournait autour de nous, et les petits ouvraient le bec. jaune jusqu'à la trachée. Comme nous avons eu peur ! Bon Dieu, nous avons vraiment eu peur ! Dieu merci , un souffle de vent nous a emportés à flanc de montagne ; et maintenant la vendange est finie, il ne faut pas espérer en sortir. encore si tôt.

« En entendant ces descriptions si vraies de la Nature, à ce culte du jour et de la lumière, je ne pouvais plus entretenir le moindre doute à ce sujet.

" " La jeune fille aveugle voit, me disais-je, elle voit avec des milliers d'yeux ; le rucher est sa vie, son âme. Chaque abeille emporte une partie d'elle dans l'espace, puis revient attirée vers elle par des milliers d'yeux. des fils invisibles. L'aveugle pénètre les fleurs et les mousses ; elle se délecte de leur parfum ; quand le soleil brille , elle est partout : à flanc de montagne, dans les vallées, dans les forêts, aussi loin que s'étend sa sphère d'attraction.

"J'étais assis, stupéfait par cette étrange influence magnétique, et j'étais tenté de m'exclamer :

"' Honneur , gloire, honneur à la puissance, à la sagesse et à la bonté infinie de l'Éternel Dieu ! Pour lui rien n'est impossible. Chaque jour, chaque instant de notre vie nous révèle sa magnificence.'

"Alors que j'étais perdu dans ces réflexions enthousiastes, Raesel s'adressait à moi avec un sourire tranquille.

« Monsieur », dit-elle.

" ' Quoi, mon enfant ?'

" " Vous êtes très surprise de moi, et vous n'êtes pas le premier à l'être. Le recteur Hegel, de Neufchâtel, et d'autres voyageurs sont venus ici exprès pour me voir : ils pensaient que j'étais aveugle. Vous le pensiez toi aussi, n'est-ce pas ?

"'Je l'ai effectivement fait, mon cher enfant, et je remercie le Seigneur de m'être trompé.'

"'Oui," dit-elle, "je sais que tu es un homme bon, je peux le dire à ta voix. Quand le soleil brillera , j'ouvrirai les yeux pour te regarder, et quand tu partiras d'ici, je t'accompagnerai au pied de la montagne.'

"Puis elle s'est mise à rire très naïvement.

« Oui, dit-elle, tu auras de la musique dans tes oreilles, et je m'assiérai sur ta joue ; mais tu dois prendre garde, prendre garde. Tu ne dois pas me toucher, ou je te piquerais. Tu dois promettre ne pas être en colère.

"'Je te le promets, Raesel , je te promets que je ne le ferai pas,' dis-je les larmes aux yeux, 'et, de plus, je te promets de ne jamais tuer une abeille ou tout autre insecte sauf ceux qui font du mal.'

« Ce sont les yeux du Seigneur, murmura-t-elle. Je ne peux voir que par mes pauvres abeilles, mais Il a chaque ruche, chaque nid de fourmis, chaque feuille, chaque brin d'herbe. Il vit, il sent, il aime, il souffre, il fait du bien par tout cela. Oh, monsieur Hennetius , vous avez raison de ne pas faire de peine au Seigneur, qui nous aime tant !

"Jamais de ma vie je n'avais été aussi ému et affecté, et il m'a fallu une minute entière avant de pouvoir lui demander...

« « Alors, mon cher enfant, tu vois à côté de tes abeilles ; veux-tu m'expliquer comment c'est ? »

"'Je ne peux pas le dire, monsieur Hennetius ; c'est peut-être parce que je les aime tant. Quand j'étais tout petit, ils m'ont adopté et ils ne m'ont jamais fait de mal. Au début , j'aimais rester assis des heures dans le rucher. tout seul et j'écoutais leurs bourdonnements pendant des heures entières. Je ne pouvais alors rien voir, tout était sombre pour moi, mais insensiblement la lumière m'envahit. Au début , je voyais un peu le soleil, quand il faisait très chaud, puis un peu plus. , avec la vigne sauvage et le chèvrefeuille comme une ombre sur moi, puis la pleine lumière du jour. Je commençais à sortir de moi-même ; mon esprit s'en allait avec les abeilles. Je voyais les montagnes, les rochers, le lac, les fleurs. et les mousses, et le soir, quand j'étais tout seul, je réfléchissais à ces choses. Je pensais comme elles étaient belles, et quand on parlait de ceci et de cela, de myrtilles, de mûres et de bruyères, je me disais : « Je je sais à quoi ressemblent toutes ces choses : elles sont noires, ou brunes, ou vertes. » Je les voyais dans mon esprit, et chaque jour je les connaissais mieux, grâce à mes chères abeilles ; et c'est pourquoi je les aime beaucoup, monsieur Hennetius . Si vous saviez comme cela me chagrine quand vient le temps de leur voler leur cire et leur miel !

"'Je te crois, mon enfant, je le crois.'

"Ma joie face à cette merveilleuse découverte était sans limites.

"Deux jours encore, Raesel m'a diverti avec la description de ses impressions. Elle connaissait chaque fleur, chaque plante alpine, et m'a rendu compte d'un grand nombre qui n'ont pas encore reçu de noms botaniques et qui ne doivent probablement être qu'un nom. trouvés dans des situations inaccessibles.

"La pauvre fille était souvent très émue lorsqu'elle parlait de ses chères amies, de quelques petites fleurs.

« Souvent et souvent, dit-elle, j'ai parlé pendant des heures avec le balai d'or ou le tendre myosotis aux yeux bleus, et j'ai partagé leurs ennuis. Ils voulaient tous quitter la terre et voler ; ils tous se plaignaient d'être condamnés à sécher en terre, et d'être exposés à attendre des jours et des semaines avant qu'une goutte de rosée ne vienne les rafraîchir.

" Ainsi Raesel me répétait d'interminables conversations de ce genre. C'était merveilleux ! Si seulement vous l' entendiez vous seriez capable de tomber amoureux d'une églantine, ou d'éprouver une vive sympathie et un profond sentiment de compassion pour une la violette, ses malheurs et ses souffrances silencieuses.

" Que puis-je vous dire de plus, mesdames ? Il est pénible de quitter un sujet où l'âme a tant d'émanations mystérieuses ; il y a un tel champ de conjectures ; mais comme tout dans ce monde doit avoir une fin, il en va de même pour le plus agréable. rêves.

"Tôt le matin du troisième jour de mon séjour, une douce brise a commencé à chasser la brume du lac. Je pouvais voir ses plis s'élargir à chaque seconde à mesure que le vent les poussait, laissant un coin bleu dans le ciel, et puis un autre ; puis la tour d'une église de village, quelques pinacles verts au sommet des montagnes, puis une rangée de sapins, une vallée, tout le temps l'immense masse de vapeur flottait lentement devant nous ; à dix heures elle nous avait quittés. derrière elle, et le gros nuage sur les cimes sèches du Chasseron avait encore un aspect menaçant ; mais un dernier effort du vent lui donna une direction différente, et il disparut enfin dans les gorges de Sainte-Croix.

" Alors la puissante nature des Alpes me parut rajeunie ; les bruyères, les grands pins, les vieux châtaigniers ruisselant de rosée, brillaient d'une santé vigoureuse ; il y avait dans leur vue quelque chose de joyeux, de souriant, et sérieux à la fois : on sentait que la main de Dieu était là, dans son éternité.

"Je suis descendu perdu dans mes pensées; Raesel était déjà dans le rucher. Young a ouvert la porte et me l'a montrée assise à l'ombre de la vigne sauvage, le front posé sur ses mains, comme si elle somnolait.

« « Attention, me dit-il, à ne pas la réveiller ; elle a l'esprit ailleurs ; elle dort ; elle erre ; elle est heureuse. »

"Les abeilles pullulaient par milliers, comme un flot d'or au-dessus d'un précipice.

"J'ai regardé ce spectacle merveilleux pendant quelques secondes, priant pour que le Seigneur continue son amour pour la pauvre enfant.

"Puis en me retournant...

"'Maître Young,' dis-je, 'il est temps de partir.'

"Il a bouclé lui-même mon sac à dos et m'a mis mon bâton dans la main.

"Maîtresse Catherine regarda avec bienveillance, et elles m'accompagnèrent toutes deux jusqu'au seuil du châlet .

"'Adieu!' dit Walter en me saisissant la main, bon voyage, et pense à nous parfois !

« Je ne pourrai jamais vous oublier, répondis-je tout à fait mélancolique ; que vos abeilles prospèrent et que le ciel vous accorde d'être aussi heureuses que vous méritez de l'être ! »

" " Qu'il en soit ainsi, M. Hennetius , " dit la bonne dame Catherine ; " amen ; bon voyage et bonne santé à vous. "

"Je suis parti.

"Ils sont restés sur la terrasse jusqu'à ce que j'atteigne la route.

"Trois fois, je me suis retourné et j'ai agité ma casquette, et ils ont répondu en agitant leurs mains.

« Des gens braves ; pourquoi ne pouvons-nous pas en rencontrer tous les jours ? »

« La petite Raesel m'accompagna au pied de la montagne, comme elle l'avait promis. Pendant longtemps son bourdonnement musical allègea la fatigue de mon voyage ; il me sembla la reconnaître dans chaque abeille qui bourdonnait à mes oreilles, et je crus que je Je pouvais l'entendre dire d'une petite voix stridente :

" " Courage, M. Hennetius , courage ; il fait très chaud, n'est-ce pas ? Venez, laissez-moi vous embrasser ; n'ayez pas peur ; vous savez que nous sommes de très bons amis. "

" Ce n'est qu'au fond de la vallée qu'elle m'a quitté, lorsque le bruit du lac a noyé sa douce voix ; mais son idée m'a suivi tout au long de mon voyage et je ne pense pas qu'elle me quittera jamais. "